KB269252

당신의
천재성을
깨워라

IS YOUR GENIUS AT WORK?

당신의 천재성을 깨워라

딕 리처즈 지음 ★ 박미경 옮김

메가트렌드

천재성을 나눠 준 모든 이들에게

혼자 힘으로 책을 쓴다는 건 불가능하다. 다른 사람들의 끊임없는 격려와 자극이 필요하다. 그런 의미에서, 이 책을 집필하는 동안 격려를 아끼지 않은 칼뱅 제르맹과 마빈 이스라엘로에게 감사드린다. 또한 나의 저작권 대리인 존 윌리그와 책이 탈 없이 출판할 수 있도록 힘써 준 데이비스 블랙 출판사의 편집자 코니 컬백에게 감사드린다.

상담 세션이나 워크숍에서 만났던 수많은 사람들은 내게 가슴 뭉클한 사연을 들려주었다. 그들 중 일부는 여기에 소개했지만, 소개되지 않은 이야기들도 책을 완성하는 데 크게 기여했다. 그 모든 분들에게 깊이 감사드린다.

특히, 자신의 이야기를 들려주거나, 이야기해 줄 사람을 찾는 데 앞장서거나, 혹은 이런저런 도움과 격려와 피드백을 제공해 준 이들에게 고마움을 일일이 전하고 싶다. 린 부르제, 데비 컬, 조이스 필루파이트, 제시 프리즈, 닉 헤드, 지오프 로리, 크리스틴 무어, 새라 먼로, 세릴 스텀보, 토니 웹스터, 짐 월드, 마이크 월드,

앨런 잭래드.

　마지막으로, 조지 데이비스는 내 인생과 일과 이 책을 위해 수만금으로도 바꿀 수 없는 도움을 주었다. 그리고 내 영혼의 동반자인 아내 멜라니는 때로는 깐깐한 편집자로, 때로는 영감을 주는 목소리로 이 책의 완성을 도와주었다. 특히 이 두 분에게 감사의 마음을 전한다.

딕 리처즈

필라델피아의 독일인 거주지에 한 철물점이 있
다. 일곱 살 무렵 나는 아버지가 무슨 기계를 들고 나올까 궁금해하
며 철물점 앞 벤치에 앉아 있었다. 때는 1950년대, 길거리의 먼지를
빗자루로 쓱쓱 청소하던 시절이었다. 헐렁한 회색 바지에 납작한
모자를 눌러쓴 한 남자가 자갈로 포장된 거리를 치우고 있었다. 남
자가 훑고 간 자갈길은 쏟아지는 햇살을 받아 눈부시게 빛났다. 남
자는 아무런 힘도 들이지 않고 빗자루로 거리의 먼지를 쓸었다.

그 광경을 바라보면서 내가 어떤 생각을 했는지 정확히 기억
나지는 않는다. 하지만 뭔가 경이롭다는 느낌이 들었던 것만은 분
명하다. 처음으로 에펠탑을 보았을 때나 월드 시리즈 개막전을 야
구장에 직접 가서 구경하던 때 같은 감격이었다.

남자가 빗자루 하나로 길거리를 손쉽게 청소하던 모습을 보고
놀라워했던 그 순간에 이 책의 기획은 시작되었다. 어떤 사람이 일
을 뛰어나게 그리고 손쉽게 하는 것은 그 일 자체의 본질과는 별로
관계가 없다. 나는 자기 분야에서 탁월한 능력을 발휘하는 사람들

을 수없이 알고 있다. 경영자, 농부, 전기 기사와 배관공, 회사 중역, 고객 서비스 대리인, 스포츠 팀 코치와 치료 전문가, 연예인, 영업 사원, 예술가, 교사 등등.

이 책은 자기 일에 변화를 줄 필요가 있는 모든 사람들을 위한 책이다. 자신의 일을 탁월하고 수월하게 해내는 사람과 그렇지 못한 사람 간의 차이는 무엇일까? 전자는 의도한 것이든, 운이 좋았든, 아니면 운명이든 간에 자기 일에 타고난 능력과 에너지를 발휘하는 사람들이다. 나는 그러한 타고난 능력과 에너지를 천재성genius이라고 부른다. 그들은 자신보다는 남을 위해 천재성을 발휘하려고 마음먹는다. 나는 그러한 마음을 목적purpose이라고 부른다.

당신이 하는 일과 커리어가 당신의 타고난 능력과 목적에 부합되길 원한다면, 세상의 무한한 가능성과 당신이 갖추고 있는 것 간에 조화를 이루어야 한다. 당신의 천재성은 당신이 갖춘 것 중 가장 핵심적인 것이다. 나는 당신이 그 핵심을 파악하도록 돕고 싶다.

최근 실시된 여러 연구를 보면 상당히 많은 사람들이 현재 직업에 불만을 느낀다고 한다. 이러한 사실은 이 책의 출간에 자극제가 되었다. 당신도 그런 사람들 중 한 명이라면, 더 행복하고 더 생산적인 삶을 위해서 당신의 현 상태와 가능성 사이에 거리를 좁혀야 한다. 가능성의 세계는 투명하다. 빤히 들여다보인다. 인터넷에서 커리어_{career}라는 단어를 검색해 보면 무수히 많은 것들이 검색된다. 여기에는 커리어 센터, 커리어 서비스, 게시판, 그리고 각종 코칭과 취업 계획, 출판물과 시험 등에 대한 조언 등이 포함된다. 또한 여성들을 위한 직업 정보, 기술, 비즈니스, 교육, 마케팅, 서비스 등에 대한 진로 안내 등도 모두 포함된다. 우리는 일을 통해 성취감을 달성하려는 내면의 깊은 측면은 잘 모르면서, 오히려 빤히 보이는 가능성과 경험과 재능을 어떻게 포장할지에 대한 정보와 조언을 훨씬 더 많이 구한다.

가능성의 세계는 투명하기 때문에 쉽게 찾을 수 있다. 오히려 당신 안에 무엇이 갖춰져 있는지 결정하기가 더 힘들다. 이 책은 그 결정을 더 쉽게 해줄 것이다.

나는 1980년대 초반부터 천재성의 단서를 추적해 왔다. 그것을 정의하고, 사람들이 스스로의 천재성을 파악하게끔 도와줄 기술을 찾아내려고 애써 왔다. 1에서 6장까지는 천재성을 파악하는 데 중점을 두었다. 각 장마다 내용과 관련된 적용하기를 참고로 표시해 두었다. 최근에 책과 오디오테이프, 비디오테이프, 워크숍, 텔레비전 프로그램 등을 통해서 삶의 목적에 관한 자료가 무수히 쏟아져 나오고 있다. 나는 이 책에서 당신이 천재성을 파악하도록 돕는 데 주력하되 다른 사람들의 이야기를 반복하지는 않을 것이다. 그렇지만 천재성과 목적은 단단하게 연결되어 있기 때문에, 7장에서는 오늘날의 사상가들이 목적이라는 문제에 어떻게 접근하는지 간략하게 살펴보고, 당신의 목적을 발견할 방법을 제시하였다. 마지막으로, 8장에서는 당신 자신을 잘 조율하기 위한 가이드라인을 제공하였다. 이는 천재성의 에너지가 삶과 일에서 당신의 목적에 맞게 발휘되도록 도와줄 것이다.

이 책의 내용은 수많은 사람들을 직접 만나서 그들과 나눈 이야기를 토대로 엮어졌다. 마이클 아조파디를 제외하면, 굳이 자신들의 이름을 밝히고 싶어 하지 않았기에 가명을 사용하였다. 또한 이야기 중에서 사리에 어긋나는 부분은 약간 손을 보았다.

당신이 전에는 한 번도 생각해 보지 않았던 관점에서 당신의 일을 검토해 보라. 이 관점을 통해서 당신의 천재성과 목적을 살핀다면, 당신이 탁월하게 그리고 쉽게 할 수 있는 일을 찾을 수 있을 것이다. 그 과정에서 분명히 성공과 만족을 찾을 수 있을 것이다.

CONTENTS

Chapter 1

네 가지 핵심 질문에 답하라

만물의 형태는 그 천재성에서 비롯된다.
– 윌리엄 블레이크

★ ★ ★ 직장에서 두각을 나타내려면 자신의 타고난 능력을 펼쳐야 한다. 사람은 누구나 천부적 재능을 타고나며, 그러한 천재성은 사람마다 다르다. 실무적 차원에서, 천재성은 당신에게 가장 자연스럽게 나오는 비범한 능력일 수도 있고, 너무나 자연스럽고 쉽게 수행해서 전혀 눈치 채지 못하는 과정일 수도 있으며, 혹은 저절로 마음이 가는 어떤 것일 수 있다. 정신적인 차원에서, 천재성은 영혼의 에너지로 혹은 사회 안에서 '당신이 존재하는 이유'가 될 수도 있다. 당신의 천재성은 과거에 당신이 성공하거나 만족스럽게 수행한 일의 원천이었으며, 또한 앞으로 성공하거나 만족을 느낄 일의 원천이 될 것이다. 남들은 다 끔찍하게 여기는 상황을 혼자만 괜찮다고 느끼는가? 분명 당신의 천재성을 발휘할 기회이다.

지난 20여 년 동안, 나는 카운슬링과 관계 코칭, 자기 개발, 커리어 개발, 리더십, 관리자 훈련 워크숍, 팀 구성 과정 등을 진행하면서 사람들이 타고난 재능을 인식하도록 도와주었다. 그러기 위해서 숨어 있는 천부적 재능을 인식할 만큼 자신의 내면을 깊이 파헤칠 전략과 적용하기를 개발하였다. 이 책은 천재성을 인식하도록 사람들을 이끌던 경험뿐만 아니라 인식 전략과 적용하기 질문들로 이루어져 있다.

일찍이 천재성을 인식했던 사람들을 다시 찾아가 물어보았다. "그래서 어쨌다는 겁니까? 그것을 인식했다고 무슨 차이가 있습니까?" 그들의 대답은 천재성을 인식하는 것이 인생의 전환점이 될 수 있다는 내 생각을 입증해 주었다. 한 비즈니스 컨설턴트는 천재성을 인식한 후에 사업을 재편성하고, 회사 사훈을 다시 정했으며, 회사 이름과 웹사이트 디자인까지 몽땅 바꿨다고 말했다. 최근에 일자리를 구하던 한 남자는, 자신의 천재성을 알게 되어 장래 고용주에게 자신이 그 회사에 기여할 수 있는 독특한 자질을 설명할 수 있었다고 말했다. 판매 및 연수를 전문으로 하는 한 회사의 CEO는 천재성을 깨닫고 나서 성공뿐만 아니라 실패하는 일에 대해서도 알게 되었다고 말했다. 그래서 실패할 만한 상황을 미리 대비할 수 있었다는 것이다. 한 프로젝트 매니저는 일과 육아에 대해 이렇게 말했다. "모든 것이 내 천재성으로 통합니다." 한 마케팅 담당 중역은 진로를 바꾸고 나서 행복한 일상을 되찾았을 뿐만 아니라 일에서도 크게 성공하였다.

나와 이야기를 나눴던 사람들은 천재성을 인식한 경험과 그러한 인식이 그들에게 미쳤던 영향을 설명하면서 "오묘하다"라고 했다. 한 사람은 이렇게 말했다. "마치 어떤 거룩한 존재가 내 등 뒤에서 지켜보며 '좋다'라고 말하는 것 같았습니다. 그 순간 남들의 그리고 제 자신의 비현실적 기대치에서 해방되는 것 같았습니다. 그런 기대치는 아무리 기도해도 이룰 수 없고, 절대 고칠 수도 없는 단점 같은 것이었으니까요."

이들의 이야기와 내 경험을 종합해 볼 때, 천재성을 알게 되어 생기는 장점이 적어도 여섯 가지가 있다.

첫째, **정체성이 강해진다.** 천재성을 인식하면, 더 깊이, 더 의미 있는 차원에서 자신을 긍정적으로 인식하게 된다. 다른 어떠한 자기 평가나 자기 인식 기술로도 이렇게 심오하게 당신을 바라볼 수 없다. 어떤 이는 이렇게 표현했다. "천재성을 알아낸 순간, 내 인생의 초점이 맞춰졌습니다. 흐릿하거나 의식의 가장자리에서 흔들리던 것이 아주 또렷해졌습니다. 그 순간 나는 내가 왜 그 일을 하는지, 왜 어떤 일은 하지 않는지도 알게 되었습니다. 내가 하는 것을 하고, 하지 않는 것을 안 하는 것이 다 괜찮아졌습니다."

둘째, 천재성을 인식하면 **방향 감각이 또렷해진다.** 당신에게 어떤 상황이 맞는지 아닌지 알게 해준다. 남들이 당신에게 반드시 해야 한다고 말하지만 당신과는 맞지 않는 일이 있을 것이다. 타고난 재능을 알고 나면, 당신에게 맞지 않는 일과 잘 맞는 일을 구별할 수 있다. 이러한 구분이 사명감과 어우러진 상태에서 천재성을 알게 되면, 삶이 나아가야 할 방향이 어렴풋이, 혹은 눈부신 섬광처럼 환히 드러난다.

셋째, 천재성을 인식한 사람들은 대부분 **자신감이 커졌다**고 보고한다. 자신을 깊이 인식함으로써 바른 길로 가고 있는지 알게 되고 목표에 도달하기 위해 필요한 것이 자기 안에 있음을 깨닫게 된다. 이를 깨달은 사람들은 새로운 열정과 결심으로 자기 일에 혼신의 힘을 다할 수 있다.

넷째, 천재성을 알게 되면, **당신이 추구하는 가치를 전달할 표현 수단을 갖게 된다.** 당신이 누구인지, 무엇을 잘하는지, 당신이 하는 것을 어떻게 그리고 왜 하는지, 성공하기 위하여 무엇을 해야 하는지를 남들에게 더 쉽게 알릴 수 있다. 이러한 능력은 일자리를 구할 때, 당신에게 맞는 일을 결정할 때, 혹은 의뢰인에게 당신이 일하는 방식을 설명할 때 유용하게 쓰인다.

다섯째, 천재성을 인식하고 그것을 발휘할 직업을 선택하면 **그 일에서 만족감과 높은 생산성을 경험하게 된다.** 일이 순조롭게 진행될 때, 시간 가는 줄 모르고 일에 푹 빠져 있을 때, 당신의 천재성이 발휘된다. 천재성이라는 에너지는 생각보다 쉽게 그리고 무의식적으로 흘러나오기 때문에, 당신은 그저 자연스럽게 즐기면 된다.

자신의 천재성을 8년 전부터 인식하고 있던 한 남자가 말했다.

"나는 내 천재성을 더 발휘할 수 있는 일로 진로를 바꾸었습니다. 그랬더니 더 만족하게 되었고, 실제로 일도 더 잘하게 되었습니다. 더 생산적이 된 것이죠. 할 수 없는 것을 하려고 쓸데없이 시간과 정력을 낭비하지 않고, 내 재능을 발휘할 수 있는 일에 헌신합니다. 부족한 것을 고쳐 보겠다고 기를 쓸 필요 없이 잘하는 일을 수행합니다."

마지막으로, **천재성이 일상 활동과 어우러지면 일체감이 생긴다.** 한 남자는 천재성 인식에 대해 이렇게 말했다.

"이것을 알고 나니 일종의 내적 평화가 생겼습니다. 그 느낌을 표현하기는 쉽지 않지만, 아침에 일어나 사람들을 만날 때 나를 인도하는 나침반이 생긴 것 같습니다. 천재성이 발휘되는 곳에서는 마음이 차분해집니다. 집에 있는 것처럼 편안합니다."

네 가지 핵심 질문

당신의 천재성을 인식하기 위한 첫 번째 단계는 당신에게 천재성이 있다는 사실을 인정하는 것이다. 이런 생각이 놀랍거나 낯설게 들릴지 모르지만, 이미 오래전부터 있었던 개념이다. 그러나 사람들은 IQ 테스트 점수 정도로만 천재성 유무를 판단하는 경향이 있다. 타의 추종을 불허하는 성과를 올리는 사람들에게만 있는 자질로 말이다. 그렇지만 누구에게나 천재성이 있다는 생각은 많은 문화권에서 수세기에 걸쳐 생생하게 살아 있는 개념이다. 단순히 머리 좋은 사람에게만 주어진 특혜가 아니다.

　요즘 사람들은 자신의 특별함과 귀중함을 인식하지 못하고 오히려 겉으로 드러난 단점과 부족한 점 때문에 괴로워하는 경향이 있다. 우리는 스스로를 돌아보면서 도대체 무엇이 잘못된 것인지 묻는다. "왜 나는 좀더 나다워질 수 없을까?", "내가 못난 인간이 된 건 가족 때문일까?", "나는 왜 관계를 끝까지 유지하지 못할까?", "나는 왜 만족할 만한 일을 찾을 수 없는 걸까?" 우리가 직면한 문제와 결점을 제대로 인식하는 것도 필요하겠지만, 타고난 재능을 어둠 속에서 끌어내는 것도 똑같이 중요하다. 천재성은 당신이 타고난 여러 재능 중 하나이다.

　당신에게 천재성이 있다는 것이 의심스럽다면, 일단 의심을 잠시 접고 이 책을 계속 읽어 보길 바란다.

　천재성의 독특한 자질을 제대로 알지는 못하더라도 그것이 있다는 것을 인정한다면, 아래의 질문에 더 대답할 수 있다. 그 대답은 일과 커리어에 관한 귀중한 지침이 될 것이다. 첫 번째 질문에 대한 대답은 이어지는 질문의 근거가 되므로, 각 질문에 순차적으로 답하라.

1. 당신의 천재성은 무엇인가?

당신에게 천재성이 있다는 혹은 있을지도 모른다는 사실을 인정한다면, 다음 단계는 그 독특한 자질을 파악하는 것이다. 6장까지 이어지는 내용을 통해서 그러한 자질을 파악하도록 하자.

2. 당신은 천재성을 발휘하고 있는가?

이 질문은 두 가지로 해석될 수 있다. 하나는 '당신의 천재성은 제대로 발휘되고 있는가?' 이고, 다른 하나는 '당신이 하는 모든 일에서 그 천재성을 발휘할 수 있는가?' 이다. 천재성을 인식하면, 지금 하는 일이 당신에게 성공과 만족을 줄 만큼 충분히 천재성을 발휘하게 하는지, 현재 상태에서 당신은 성공과 만족을 얻고 있는지 그리고 어떻게 하면 얻을 수 있을지, 생활의 변화를 주는 것이 더 좋은지, 어떤 식의 변화를 주는 것이 좋을지 등을 알게 될 것이다.

3. 당신의 목적은 무엇인가?

당신의 목적은 천재성을 구체적으로 표현하는 것이다. 그것이야말로 당신의 천재성이 존재하는 현실적인 이유이다. 천재성 개념과 마찬가지로, 삶을 위한 방향성을 제공하는 목적의 개념도 고대부터 다양한 문화에서 다양한 형태로 존재해 왔다. 그렇지만 천재성이라는 개념과 달리, 목적이라는 개념은 시간이 흘러도 크게 훼손되거나 변하지 않았으며, 당대 수많은 사상가들의 주요 이슈로 취급되었다.

4. 당신은 목적에 맞게 천재성을 발휘하고 있는가?

일을 할 때 삶의 목적에 맞게 천재성을 얼마나 발휘하느냐에 따라 만족감과 생산성과 성공을 누릴 수 있다.

나는 아래 도식에서 물리적이며 심리적인 당신의 특징으로 본성self이라는 용어를 사용한다. 도식은 이상적인 형태에서 본성의 모습을 보여 준다. 이상적인 형태란, 천재성이 삶과 일에서 목적에 맞게 작동하도록 당신의 본성이 도와주는 상태를 말한다. 당신의 본성은 천재성을 키울 수도, 방해할 수도 있다. 예를 들어 실패를 두려워하면 필요한 행동을 회피하게 만들어서 천재성을 방해하지만, 겁 없는 태도는 위험을 무릅쓰고 도전하게 만든다.

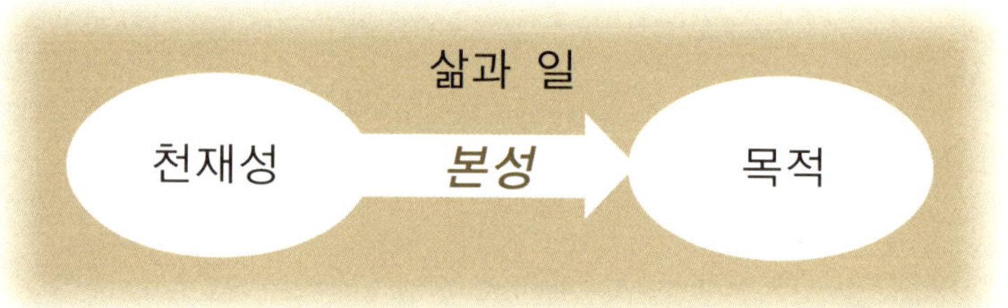

도식에서 어두운 부분은 당신의 삶과 일을 나타내며, 당신의 본성과 마찬가지로 당신의 천재성과 목적을 키워 주거나 혹은 방해한다. 당신의 삶과 일은 천재성과 본성과 목적이 활발하게 작동하는 환경을 만든다.

마음 쏟기

프란신의 이야기를 한번 들어 보자. 그녀의 천재성에 관한 이야기는 첫 번째 핵심 질문이 얼마나 중요한지와, 첫 번째 질문에 대한 대답이 어떻게 그다음 대답을 이끌어내는지 보여 준다. 또한 그녀의 이야기는 천재성의 개념을 개괄적으로 보여 주며, 천재성을 파악하려면 반드시 거쳐야 하는 과정으로서 일과 천재성 사이의 관계를 조명해 준다.

어느 날, 프란신에게 전화가 왔다. 일과 관련해서 중요한 결정을 내려야 하는데, 혼자서는 도무지 생각을 정리할 수가 없다고 했다. 나는 그녀에게 먼저 '천재성'에 대해 자세히 탐색해 보라고 권하고는 며칠 후에 만나기로 했다.

나와는 오랜 친구이자 동료인 프란신은 이미 천재성이라는 용어에 대해 대강 알고는 있었다. 또한 성공과 만족을 거둘 수 있는 최고의 기회는 바로 자신의 천재성을 발휘함으로써 가능하다는 것도 알고 있었다. 자신의 일에서 성취감이나 만족감을 느끼지 못하던 프란신은, 천재성을 탐색해 보는 것이 유익할 거라는 내 말에 동의했다. 우리는 오하이오 강이 내려다보이고 부드러운 햇살이 비치는 카페테라스에 앉아 점심을 먹으며 이야기를 나눴다. 프란신은 내게 아무래도 직장을 바꿔야 할 것 같다고 말했다.

당시 프란신은 대기업의 정신 분석 담당의로 재직 중이었다. 주로 회사 중역들과 직원들의 자기 개발과 근무 환경을 개선하는

일을 했다. 프란신은 사람들이 스스로를 인식하도록 돕는 일에 열
중했기 때문에, 표면적으로는 그 일이 자신에게 딱 맞는 것 같았
다. 그렇지만 이해와 논리가 회사 문화를 지배하고 감정과 육감이
설 땅을 잃은 상황에서 프란신은 무척 고민 중이었다.

　　최근 실시된 업적 평가 회의에서, 대규모 인원 감축 계획 소식
을 접하고 그녀가 눈물을 보이자 상사는 그녀에게 감상에 젖지 말
라고 훈계했다. 하지만 프란신은 회사 매출이 형편없어서 직원들
을 모두 포용하지 못해 수많은 사람들이 해고되어 하루아침에 쫓
겨날 거라고 생각하니 너무 슬프다고 말했다. 게다가 그들이 실패
자라고 자책하는 것도 안타깝다고 호소했다. 하지만 상사는 그렇
게 감정을 드러내면 사람들을 동요시킬 것이라고 주장했다. 인원
감축이 힘든 선택이지만 일단 그렇게 결정 난 이상 최대한 감정을
억제하고 이성적으로 행동해야 한다는 것이다.

　　인원 감축 결정이 논리적이고 옳은 일이라 하더라도, 그 일이
고통을 야기한다는 것을 인정해야 한다고 프란신은 생각했다. 그
것이 오히려 그 상황을 심적으로 더 건전하게 대처하는 방식이라
고 믿었다. 프란신은 회사에 남게 된 이들이 회사의 결정을 받아들
이고 동료와 친구들의 빈자리를 감내하며, 살아남은 자로서 느끼
는 죄책감을 극복하도록 돕고 싶었다. 하지만 회사 방침 때문에 그
러지 못했다. 감정 자제를 요구받은 사람은 프란신만이 아니었다.
회사의 모든 사람들이 감정을 드러내지 못하고 묵묵히 일만 하도

록 강요받았다. 프란신은, 인원 감축이나 형편없는 매출보다 근무 환경이 더 문제라고 느꼈다. 현재 상황에 대한 자신의 감정을 드러 내는 것이 직원들의 분열을 초래할 거라는 식으로 판단하는 환경 말이다.

프란신은 이렇게 말했다.

"나 자신에게 화가 났어요. 처음에는 뭐가 뭔지 잘 몰랐어요. 그냥 뭔가 해야겠다는 생각만 계속했지 무얼 어떻게 해야 할지 도무지 종잡을 수가 없었어요. 점점 제 자신에게 화가 나더니 결국에는 다른 사람들에게까지 화가 치미는 거예요. 그 상황에서 조금이라도 화를 건드리면 그야말로 폭발할 것 같았어요. 그래서 속으로 꾹 참고 억눌렀죠."

프란신은 팔짱을 낀 채 의자에 푹 기대앉았다. 그러면서 며칠 전에 참석했던 한 프레젠테이션에 대해 들려주었다. 발표자는 여러 매니저들 앞에서 숫자가 가득 적힌 차트를 보여 주었다. 그러자 여러 명이 계산기를 꺼내서 두드리기 시작했다. 차트에 무슨 오류가 없나 확인하는 것이었다.

"그 사람들은 수치가 무엇을 의미하는지 알아보려고 하기보다는 단순히 계산상의 오류를 찾아내려고 혈안이었어요. 혹시라도 무슨 실수를 잡아내면 그야말로 의기양양해져서 잽싸게 지적하죠."

프란신은 대체로 자신과 다른 사람들 간의 차이를 인정한다.

아니, 그러한 차이를 소중하게 여기면 여겼지, 다른 사람을 비난하는 그런 사람이 아니다. 그런데 이날, 그녀의 태도와 목소리에는 회사의 평가와 분석과 지적 우월성이라는 분위기에 너무 억눌려 왔음이 여실히 드러났다. 그러한 분위기에 대한 반발이 바로 그녀의 천재성에 대한 단서였다. 남들의 행동이 우리의 천재성을 성나게 할 때 우리는 반발한다. 비록 입 밖에 내지는 않았지만 "도대체 그 사람들은 어떻게 그럴 수 있는 걸까?"라고 느낀 것은, 그녀의 천재성이 분석이나 평가와는 반대 방향에서 작동한다는 것을 암시했다.

나는 프란신에게 직장 동료들과 그녀 사이에 차이점을 분명히 말해 달라고 부탁했다. 그러자 프란신은 꼭 끼고 있던 팔짱을 풀고 몸을 앞으로 내밀며 말했다.

"나는 본론에 직접 뛰어들어야 해요. 내가 일하고 있는 문제의 핵심heart, 그리고 함께 일하는 사람들의 마음heart에까지 파고드는 거죠. 마음을 쏟으면, 어떤 것이 옳은지, 무엇을 해야 하는지 알게 되요. 이것은 머리로 아는 것과는 달라요. 그렇다고 어떤 느낌 같은 것도 아니에요. 깊은 곳에 자리한 내적 인식 같은 것이죠."

이렇게 말할 때, 프란신의 손은 파도치듯 활발하게 움직였다. 그녀의 태도도 확 바뀌었다. 확신과 자부심에 넘쳐서 사물의 핵심을 찌르듯 말했고, 눈에서는 반짝반짝 빛이 났다.

나는 특별한 방식으로 그녀가 하는 이야기를 들었다. 그녀가 말하는 내용을 들으면서 그녀의 천재성에 대한 단서를 찾았다. 흔히 자세나 태도, 목소리 톤, 강조와 반복, 선택 어휘 등을 통해서 그러한 단서를 포착할 수 있다. 프란신은 'heart마음 혹은 핵심'라는 어휘를 세 번이나 반복했고, 반복할 때마다 목소리에 힘을 주었다.

다른 사람의 천재성을 파악하도록 도와줄 때 반드시 지켜야 할 규칙이 있다. 바로 천재성에 관한 한 당사자가 유일한 전문가라는 점을 인정해 주는 것이다. 나는 추측하고 관찰하고 경험한 것을 제안할 뿐이며 당사자, 여기서는 프란신만이 유일한 권위자요, 진정으로 알 수 있는 유일한 사람이다.

나는 내가 본 것, 그녀가 지금까지 내게 말한 것을 토대로 추측해 보았다. 그녀가 하는 일에는 반드시 마음이 관여해야 한다. 그런데 주변 사람들이 마음이 아닌 이성만을 관련시키는 것을 보고 좌절감을 느꼈다. 좌절감은 보통 천재성의 또 다른 단서이다. 주변 환경이나 사람 때문에 천재성을 발휘하지 못하면 좌절감을 느끼게 된다.

내가 물었다.

"당신의 천재성은 마음을 이용하는 일과 관련된 것 같군요. 당신의 천재성은 '마음 관련시키기' 인가요?"

당신의 천재성 인식을 위한 일차적인 방법은 바로 그것에 대해 이름을 붙여 주는 것이다. 내가 프란신에게 제안한 것처럼 말이다. 나는 앞으로 이어지는 장에서 당신의 천재성에 대한 올바른 이름을 찾도록 도와줄 것이다.

"'관련시키기'는 올바른 표현이 아니에요. 마음은 항상 관련되죠. 하지만 내가 매사에 마음을 '쏟지는' 않아요."

다른 사람이 천재성을 인식하도록 도와주면서 느끼는 보람 중 하나는, 내 추측이 정확하지 않고 그저 비슷하게만 맞아도 당사자가 스스로 그것을 다듬고 고쳐서 정확하게 내놓는다는 점이다. 그 과정에서 혹시 내가 옳다고 우긴다면, 상대방이 다듬는 과정을 방해할 위험이 있다.

프란신은 잠시 생각에 잠기더니 말했다.

"내 천재성은 '마음 관련시키기'가 아니라 '마음 쏟기'예요."

나는 프란신이 '관련시키다'라는 말과 '쏟는다'라는 말을 어떻게 구별하는지 확실히는 모르지만, 그녀가 그 둘을 구별한다는 것은 중요하다.

프란신은 '마음 쏟기'라는 말을 한 후에, 다시 자리에 깊숙이 눌러 앉으며 손을 테이블 위에 가만히 내려놓고 나를 똑바로 쳐다보았다. 프란신은 자기가 방금 한 말을 곱씹으면서 오랫동안 침묵했다. 그러더니 미소를 띠며 알았다는 듯 긴 숨을 들이쉬었다. 이 순간이 바로 천재성을 인식하는 중요한 순간이다.

프란신이 말했다.

"나는 동료들이 그렇게 중요하게 따지는 논리적 문제를 배워야만 했어요. 그런 건 잘해요. 그 정도도 못할 머리는 아니니까요.

내가 그동안 받은 학위만 해도 몇 갠데요? 하지만 나는 그런 합리적이고 논리적인 틀 안에서만 계속 갇혀 있을 수는 없어요. 살아가는 데는 지적으로 통달해야 할 것 말고도 여러 가지가 필요하니까요."

프란신은 지력知力을 쏟는 것에 대해서 줄곧 교육받아 왔지만, 마음을 쏟는 것에 대해서는 배울 필요가 없었다. 그것은 그녀 안에 이미 내재된 천재성이기 때문이다. 그녀가 소중히 여기는 측면이지만, 완전히 혹은 올바르게 인식하지 못했을 뿐이다. 그런데 그녀가 일하는 환경은 그녀의 천재성과 극명하게 대조되는 분위기였다. 그녀는 마음을 쏟고 모든 것을 긍정적으로 생각하는 사람인데 반해, 주변 사람들은 온통 이해관계만 따지고 분석하려 든다. 회사 직원으로서 그녀가 해온 일은 그녀에게 좌절감만 안겨 주었다. 그녀는 주변 사람들 대부분이 중요하다고 하는 문제에 전혀 수긍할 수가 없었다.

프란신이 애처로운 목소리로 물었다.

"인간의 정신 상태를 어떻게 평가하죠? 인간의 마음속에 무엇이 있는지 어떻게 판단하죠? 계산기를 두드린다고 알 수 건 아니잖아요."

프란신은 회사를 떠날 거라고 내게 말했다. 그 순간까지는 자신이 회사를 그만 둬야 할지 말아야 할지, 그만 둔다면 왜 그래야 하는지 확신이 들지 않았다. 다만 그만 두는 것이 최선이라는 생각

★ ★ ★ ★ ★ ★ ★ ★ ★ ★
부록 A 〉〉〉
천재성을 인식하려는 사람을 돕고 싶어 하는 사람들(가령 코치나 카운슬러 등)을 위한 가이드라인
➲ p.195

이 들었을 뿐, 그 외에는 온통 혼란스럽기만 했다. 이제 자신의 천재성을 파악하고 나니, 회사를 떠나야 할 이유가 분명해졌다.

"내 마음을 쏟을 일을 찾을 거예요. 다른 사람들의 마음을 쏟도록 도와줄 수 있는 일 말이에요. 그리고 나와 같은 생각을 하는 사람들과 함께 일하고 싶어요."

대답

이야기를 나누면서 자연스럽게 프란신은 네 가지 핵심 질문에 대답했다. 첫째, 그녀는 '마음 쏟기'라는 자신의 천재성을 인식했다. 그것을 인식하고 나니, 다른 것들은 그냥 물 흐르듯 자연스럽게 흘러나왔다. "당신은 천재성을 발휘하고 있는가?"라는 질문에 "그렇다"라고 대답했지만, 상황이 좀 복잡했다. 프란신의 천재성은 제대로 발휘되고 있었다. 하지만 엄청난 희생을 치르지 않고는 그것을 일에서 발휘할 수 없었다. 프란신은 자신의 천재성이 방해받고, 거부되고, 비난받는 고통을 감내해야 했다. 그래서 회사 분위기에 적응하지 못하고 혼자 끙끙 앓았다. 주변 사람들과 다르다는 사실을 받아들이거나 이해하지 못했기 때문에 '뭔가 더 나은 일'을 하지 못하는 자신에게 화가 났다. 간단히 말해서, 그녀는 천재성을 발휘했지만 그에 따른 희생이 너무 커서 감당할 수 없을 지경이었다.

프란신은 나와 이야기를 나누기 전에 이미 "당신의 목적은 무엇인가?"라는 질문에 대한 답을 알았다. 그녀의 목적은 인간 정신을 존중하는 생산적인 일터를 창조하는 것과 관련되어 있었다. 그래서 프란신은 회사가 그러한 일터를 조성하도록 헌신했고 또 자기 목적에 맞게 행동했지만, 자기 일에 대해서 긍정적 태도를 견지할 수가 없었다. 그 점 때문에 늘 마음이 아팠다.

프란신의 경우는 본성이 목적 달성을 위해 작동할 때 천재성을 촉진하거나 혹은 방해하는 식으로 개입할 수 있음을 보여 주는 예이다. 프란신은 처음에는 자신이 처한 상황이 부적당하다는 것을 인식하지 못했고, 그래서 자기 자신을 힐책하고 주변 사람들에게 화가 났으며, 회사의 부당한 요구에 어떻게든 맞춰 보려고 애썼다. 그럴수록 프란신은 더욱 당황하고 혼란스러워졌다. 이러한 혼란을 벗어나려면, 계속해서 자신의 천재성을 인식해야 하고, 그 천재성을 최대한 활용하고 목적을 달성하게 해주는 일을 찾아야 한다. 또한 자기가 제공하는 것을 소중하게 생각해 주는 사람들과 함께 일해야 한다. 자신이 잘못된 곳에 있음을 알려 주는 신호에 민감하게 반응해야 하고, 자신을 억지로 틀에 맞추려고 하지 말고 있는 그대로의 모습에 맞는 상황을 찾거나 만들어야 한다.

당신의 본성은 당신이 모든 가치를 만족시키려고 애쓰면서 어쩔 수 없이 직면하는 문제들을 적절히 타협하도록 이끌어 준다. 프란신의 일은 보수가 높다. 프란신이 마음을 쏟고 다른 사람들의 마음까지 돌보고자 한다면, 현재 누리는 높은 월급이나 라이프스타 일을 포기해야 하는가? 이 질문에 답하려면, 프란신은 업무 옵션을 살펴봐야 한다.

프란신은 "당신은 목적에 맞게 천재성을 발휘하고 있는가?"라는 질문에 "그렇다"라고 답했다. 그녀가 직면한 문제는 천재성을 목적에 맞게 발휘하느냐 여부가 아니라, 어디에 그 천재성을 발휘하기로 선택하느냐이다.

이해하는 방법

당신이 처한 상황은 프란신과 다르겠지만, 프란신과 마찬가지로 당신의 천재성도 분명히 당신의 일과 커리어에 중요한 의미를 가질 것이다. 예를 들어 지금 하는 일에 만족한다 해도, 당신은 뭔가 다른 것 혹은 뭔가 더 큰 것을 기대하거나 원할 수 있다. 어떤 경우든 간에, 천재성을 표현할 수 있는 일을 찾고 그러한 커리어를 갖고 싶다는 염원은 누구나 다 품고 있다. 천재성을 인식한다면, 업무 상황에서 변화가 필요하다는 것을 깨달을 것이다. 이러한 깨달음이 새로운 것은 아니다. 어쩌면 한동안 머릿속에 맴돌던 것이 천재성을 깨닫고 나서 더 확실해졌는지 모른다.

현재 상황이 당신에게 맞게 잘 돌아간다면, 왜 그런지 알게 될 것이다. 프란신의 경우처럼 극적인 변화는 아니지만, 약간의 변화로 엄청난 차이를 가져올 수 있다. 화학 분야 엔지니어인 제리의 사례를 살펴보자. 제리는 석유 화학 회사 연구실의 일에 환멸을 느끼고 있었다. 자신의 천재성을 '해결책 제시하기'라고 주장하는 그에게, 연구실에서 실험만 하는 일은 몸에 맞지 않는 옷을 걸친 것과 마찬가지였다. 제리는 누군가가 낱말 맞추기 게임을 하고 있으면 거들어 주고, 길을 몰라 헤매는 운전자에게 방향을 알려 주며, 누군가의 차 엔진에서 이상한 소리가 나면 그 원인을 파헤치겠다고 팔을 걷어붙일 사람이다. 연구실 일이 해결책을 찾는 일을 포함하기는 하지만, 그것만으로는 사람들에게 해결책을 제시해 주고 싶은 왕성한 욕구를 충족시킬 수 없었다. 그 해결책을 실행할 사람에게 직접 제시하지는 못하고 그냥 연구실에서 연구에만 몰두하는 것으로는 제리의 천재성을 만족시킬 수 없었다.

제리는 이 문제를 놓고 상사와 여러 차례 의논했다. 마침내 회사는 제리를 위해 새로운 일거리를 찾아 주었다. 트럭에 화학 실험 장비를 갖추고 문제가 발생하면 언제든지 출동해서 해결해 주는 일이었다. 회사는 마침 그런 서비스 시행을 고려 중이었고, 제리는 그 일에 적임자였다.

당신이 프란신과 제리처럼 자신의 천재성을 인식하면, 당신에게 맞지 않는 일을 피할 수 있다. 더 나아가 당신에게 만족을 주는 일, 가장 효과적이고 생산적이 될 수 있는 일, 오로지 당신만이 기여할 수 있는 일을 적극적으로 찾을 수 있을 것이다.

포착하기 어려운 천재성

천재성을 인식하는 과정은 프란신의 경우처럼 명료하거나 신속하지 않다. 그 개념을 듣자마자 바로 천재성을 파악하는 사람도 있겠지만, 실제로 그런 경우는 매우 드물다. 이틀 간 열리는 워크숍에서 천재성을 집중적으로 탐색해 봐도, 참석자들 중 3분의 1은 자신의 천재성이 확실히 무엇인지 모른다. 오히려 워크숍을 마치고 며칠 지나서 우연히 예상치 못한 시간과 장소에서 천재성을 발견하기도 한다. 어쨌든 자신에게 천재성이 있으며, 그것에 이름을 붙일 수 있다는 생각을 받아들이기만 해도 유익하다.

천재성이 있다는 사실을 숙고하지 않거나, 아예 무시하거나, 혹은 그런 생각을 하는 데 익숙하지 않기 때문에 천재성을 포착하기가 어렵다. 또한 천재성은 수량화할 수도 없고, 단 한 가지 질문으로 포착할 수 있을 만큼 단순한 것도 아니다. 프란신은 평소에 스스로에 대해 성찰했고, 나와 대화를 나누기 전에 그 개념에 대해 이미 알았기 때문에 천재성을 금방 인식하고 이름 붙일 수 있었다.

당신이 천재성에 맞는 올바른 이름을 이미 붙였다고 생각하더라도, 이어지는 내용을 잘 읽고 적용하기 문제를 충실히 해보기 바란다. 당신이 옳다고 생각하는 그 이름을 다듬거나 혹은 전면적으로 수정해야 할지도 모른다. 천재성을 인식하기 위한 공식 같은 것은 없다. 다만 천재성을 분명하게 인식하도록 도와줄 일반적인 가이드라인과 접근 방식만이 있을 뿐이다.

천재성을 인식하라

이름을 잘 관리하라.
그 소리가 당신의 영혼 안에서 기쁨으로 울려퍼지게 하라.
– 뉴스킷 수도원의 수도사

★★★ 천재성을 인식하기 위한 일차적인 방법은 바로 이름을 붙이는 것이다. 이름 붙이기는 인간의 뿌리 깊은 활동이다. 태어난 아이에게 이름을 지어 주고, 국가와 산과 강, 애완동물, 생산품에도 이름을 붙인다. 아끼는 물건에까지 재미로 이름을 붙이기도 한다. 나도 내 사브 자동차에 천둥을 주관하는 신神인 '토르Thor'라는 이름을 붙여 준 적이 있다. 또한 가까운 사람들에게 별명을 지어 주기도 한다.

이름 짓는 일은 깊이 생각하고 책임을 수반하는 복잡한 행위이다. 부모가 태어난 아이에게 이름을 지어 줄 때 얼마나 고심하는가만 봐도 알 수 있다. 우리가 무엇엔가 이름을 붙이면, 그것에 대한 소유권 같은 것을 얻는다. 그렇지만 나는 '소유권ownership'이라는 말을 소유한다기보다는 책임져야 한다는 뜻으로 사용한다.

소유냐, 책임이냐 간의 구별은 오래전부터 논란이 분분했다. 그 논란의 대상은 창세기까지 거슬러 올라간다. 아담은 동물들에게 이름을 붙이는 임무를 부여받았다. 이를 두고 많은 사람들은 하나님이 아담과 그 후손에게 동물을 지배하는 권한을 주셨다고 주장한다. 하지만 어떤 사람들은 아담이 지배력이 아니라 책임을 부여받은 것이라고 추론한다.

아내와 나는 집에서 기르던 개에게 '집시'라는 이름을 붙여 주었다. 이름을 붙여 주기 전까지는 마치 우리 개가 아닌 것처럼 느껴졌다.

이름은 그 자체로 엄청난 힘을 갖는다. 이름은 우리 자신과 다른 사람들에게 우리가 누구인지 혹은 우리가 무엇이 되기를 기대하는지 암시한다. 사람들은 매리언이라는 이름과 존이라는 이름에서 다른 것을 기대한다. 영화배우 매리언 모리슨이 존 웨인으로 개명한 것도 바로 그런 이유에서다.

우리는 흔히 중요한 사건을 겪고 나서 새로운 호칭을 얻는다. 그리고 새로운 호칭을 얻고 난 뒤부터 그전과는 어떤 식으로든 다르다고 생각한다. 중요한 사건에는 흔히 인간적 변화가 수반된다. 시몬은 베드로가 되었고, 사울은 바울이 되었으며, 야곱은 이스라엘이 되었다. 캐시어스 클레이는 무하마드 알리가 되었고, 루 앨신도는 카림 압둘 자바가 되었다. 아메리카 인디언들은 역할이나 지위나 지혜가 자랐음을 나타내기 위해서, 혹은 새로운 사람으로 거듭났음을 나타내기 위해서 새로운 이름을 부여받는다.

　무엇엔가 이름을 붙여 주면 더 실재하고 더 가까이 다가갈 수 있는 것 같다. 어느 청명한 겨울날 아침, 나는 후드산 정상에 쌓여 있는 눈이 바람에 흩날리는 모습을 멀리서 지켜보았다. 후드산이라는 이름을 부르거나 생각하기만 해도 내 머릿속에는 당시 이미지가 떠오른다. 어쩌면 그런 이유로, 우리는 사랑하는 사람이 떠난 후에 비석에 고인의 이름을 새겨 넣는 것인지도 모르겠다. 그런 행위는 위치를 표시하기 위해서뿐만 아니라 그 이름을 읽으면서 그 사람의 이미지를 떠올리려는 건 아닐까?

　이름은 또한 인간관계 측면에서 중요한 역할을 한다. 우리는 다른 사람의 이름을 알면 그 사람을 좀더 친밀하게 여긴다. 좀더 연결되었다고 느낀다고나 할까. 그리고 흔히 다양한 이름을 사용하는 데서 다양한 관계가 드러난다. "내 이름은 짐이지만, 친구들은 나를 스쿠터라고 부르죠"라는 말은 단순히 이름이라기보다는 관계를 나타내는 말이다. 적당한 이름을 찾은 후에 그 이름을 붙여 주는 것은, 두 가지 측면으로 해석될 수 있다. 즉 그것을 안다는 의미와 그것을 소유한다는 의미를 갖는다. 이와 마찬가지로 당신의 천재성에 이름을 붙이는 행위는 당신에게 이해력과 소유권을 줄 것이다. 당신의 천재성을 실재하는 것으로, 더 다가갈 수 있는 것으로 만들어 준다. 따라서 천재성을 좀더 알게 되고, 좀더 친숙하게 연결됨으로써 당신의 천재성과 당신과의 관계도 변할 것이다.

이렇듯 천재성에 대한 이름을 찾기만 해도 변화가 찾아온다. 그렇지만 그 이름이 모든 것을 대변하는 것은 아니며, 우리가 이름 붙인 것과 맺는 관계는 그 이름 자체보다 훨씬 더 복잡하다는 것을 잊지 말아야 한다.

플라톤은 대화편 《크라틸루스Cratylus》에서 소크라테스와 크라틸루스 간의 대화를 기록하였다. 두 사람은 어떻게 그리고 왜 사물에 이름을 붙이는지 토론한다. 소크라테스는 사물의 이름이 그 본성을 반영하는지에 대해 그다지 신경 쓰지 않는다. 그렇지만 크라틸루스는 사물에 이름을 붙이는 이유는 바로 그 본성을 나타내기 위함이라고 주장한다. 크라틸루스의 관점에서 보면, 우리가 사물에 적절한 이름을 붙이기 위해서는 그전에 이미 그 사물을 알아야 한다.[1]

천재성에 이름을 붙이기 위하여 우리는 어느 정도 크라틸루스의 의견에 동조해야 한다. 당신은 천재성의 본질을 반영하는 이름을 찾고 싶어 한다. 어쨌든 그것에 이름을 붙이는 과정과 그것을 알아 가는 과정은 같을 것이다.

펠트 센스

천재성에 대한 이름을 찾는 것만큼 이름 붙이는 과정에서 또 하나 중요한 것은 천재성에 대한 펠트 센스the felt sense, 감각적으로 느낄 수 있는 감정의 흐름를 개발하는 것이다. 이름을 찾는 것은 그 감각을 개발하기 위한 장치이다.

유진 젠들린은 그의 책 《초점 맞추기Focusing》에서 펠트 센스를 이런 식으로 설명하였다.

펠트 센스는 정신적 경험이 아니라 육체적 경험이다. 즉, 어떤 상황이나 사람이나 사건을 신체적으로 감지하는 것을 말한다. 특정한 시간에 특정한 주제에 대해 후광처럼 하나의 커다란 느낌으로 다가오는 내부의 기운이며, 하나하나 세밀하게 다가오는 것이 아니라 한꺼번에 몰아친다. 원한다면, 어떤 오묘한 맛이나 혹은 당신에게 강력한 영향을 미치는 훌륭한 음악 코드라고 생각하라. 뭔가 아주 엄청나면서 막연한 느낌 같은 것이다.[2]

젠들린에 따르면 펠트 센스는 다음과 같은 특징이 있다.

★ 단순한 정신적 경험이 아니라 신체 내부적으로 감지되는 것이다.
★ 처음에는 거의 언제나 막연하다.
★ 생각이나 말, 기타 어떤 분리된 형태가 아니라 단일한 신체적 느낌으로 다가온다.
★ 감정은 아니지만, 정신적 속성과 함께 감정적 속성을 갖는다.
★ 변화를 창조할 힘이 있다.
★ 펠트 센스를 경험할 때는 몸속에서 무언가가 빠져나가는 것

같다. 뭔가 단단히 조였던 것이 풀리는 느낌이다.[3]

　머릿속에 이름이 떠오르는 것과 동시에 펠트 센스를 경험한다면, 당신의 천재성에 알맞은 이름을 찾은 것이다. 이름이 떠오르는 순간이 바로 젠들린이 설명한 특징과 일치한다. 올바른 이름이 떠오르고 '뭔가 아주 엄청나면서 막연한 느낌'이 드는 순간은 마치 마술처럼 대단히 신기하다. 이에 대한 논의와 예를 6장에서 자세히 살펴볼 것이다.

이름표 달기

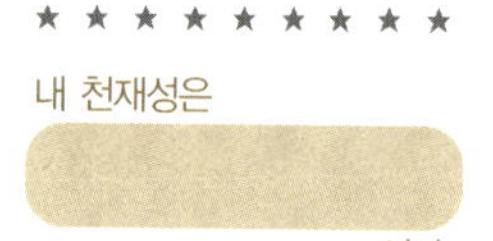

　천재성 인식 워크숍에서, 주최자들은 진행 사항을 파악하기 위해 이름표를 사용한다. 사람들은 자신의 천재성에 맞는 이름을 찾았다고 생각할 때마다 이름표에 적는다. 워크숍이 진행되는 며칠 동안, 사람들은 대개 열 개도 넘는 이름표를 달아 본다.

　당신의 천재성이 무엇인지에 아이디어가 떠올랐다면, 그것을 다음과 같이 이름표에 적어 보라. '올바른' 이름일까 걱정하지 마라. 그냥 그 순간 떠오르는 이름을 기록하면 된다. 이와 같은 이름표가 이 책 전체에 여러 번 등장할 것이다. 볼 때마다, 그 순간 당신에게 적절하다고 생각되는 이름을 적어 보라.

사고실험

천재성에 이름을 붙이는 것은 일종의 사고실험思考實驗, thought experiment이다. 이는 상상력을 동원하여 이론을 분석하고 문제를 해결하는 방법이다. 사고실험의 기원은 철학의 경우 플라톤까지 거슬러 올라가고, 과학에서는 갈릴레오까지 거슬러 올라간다. 최근에는 아인슈타인과 양자물리학자들의 연구에서 가장 활발하게 이루어졌다.

사고실험은 먼저 어떤 일이 실제로 일어나고 있다고 상상하고, 그다음에는 상상했던 것의 결과를 조사하는 것이다. 가장 잘 알려진 사고실험 중 하나가 아인슈타인의 '움직이는 기차' 실험이다. 아인슈타인은 기차가 정거장을 지날 때 번개가 두 번 치는 것을 상상했다. 번개 치는 순간 움직이지 않는 플랫폼에 있는 사람과 움직이는 기차 안에 있는 사람은 번개 치는 모습을 다르게 본다. 아인슈타인은 "어느 관찰자가 본 것이 맞나?"라고 물었다. 그는 두 관찰자들이 다른 기준에서 사건을 바라보기 때문에 모두 맞다는 결론 내렸다.

사고실험의 또 다른 유명한 사례는 플라톤의 '동굴 비유'이다. 플라톤은 인간의 지각, 영혼, 신에 대한 묵상에 대해 탐색한다. 그리고 어려서부터 동굴에 갇혀 산 죄수들을 상상했다. 죄수들이 볼 수 있는 것은 오로지 동굴에 비치는 사람과 물체의 그림자뿐이었다. 또한 플라톤은 죄수들이 동굴 뒤에서 들려오는 메아리가 그러한 그림자들의 목소리라고 생각할 거라고 연상했다. 플라톤은 이 가상 상황을 탐색함으로써, 우리는 경험을 통해 사물을 지각하지만 우리가 지각한 것이 사물 자체와 똑같다고는 할 수 없다고 결론 내렸다.

당신의 천재성에 대한 이름을 찾기 위한 사고실험에서, 먼저 여덟 가지 조건이 사실이라고 상상해야 한다. 이 여덟 가지 조건은 천재성이라는 개념을 정의하고 사고실험을 위한 틀을 제공하기 위해 일부러 단정적인 문장으로 만들었다. 이 조건들은 실험을 위한 가정이다. 플라톤이 동굴에서 사슬로 묶인 사람들을 상상한 것처럼, 아인슈타인이 기차를 타고 있는 사람들을 상상한 것처럼, 당신도 그 조건들이 사실이라고 상상하라. 당신이 일단 그 조건을 받아들이면, 당신의 천재성에 이름을 붙이는 사고실험을 계속할 준비가 된 것이다. 그 여덟 가지 조건은 다음과 같다.

1. 당신에게는 정말로 천재성이 있다

물론 당신에게 천재성이 있음을 과학적으로 증명할 수는 없다. 그저 천재성을 발견한 내 경험과 수많은 다른 사람들의 경험을 근거로 그렇다고 주장하는 것이다. 당신에게 천재성이 있음을 스스로 입증하거나 혹은 실패하거나 둘 중 하나이다. 입증할 수 있는 유일한 방법은 이 사고실험에 참여하는 것이다.

2. 당신에게는 단 한 가지 천재성이 있다

사고실험을 하다 보면, 어느 순간 당신에게 두 가지 혹은 그 이상의 천재성이 있는 게 아닐까라는 생각이 들 수 있다. 그렇지만 실험 조건은 천재성이 오로지 하나뿐이라고 못 박고 있다. 그래야 자기 자신에 대해 더 깊이 생각해 볼 수 있다. 한 가지 이상의 천재성이 있다고 생각하는 것은 진정한 천재성을 찾지 못했기 때문이다. 예를 들어 라이얼은 자기에게 두 가지 천재성이 있다고 생각했다. 하나는 '풍경 감상하며 걷기'였고, 다른 하나는 '진리 찾기'였다. 풍경을 감상하며 걷는 것은 새로운 아이디어와 생각과 경험을 추구하는 그의 성향을 설명해 주었다. 비록 '감상하며 걷기'라는 표현이 진리나 새로운 아이디어를 떠올리려는 의중을 드러내기는 하지만, 그가 실재로 하는 행위를 너무 수동적으로 설명하는 것 같았다. 그래서 두 이름을 합쳐서 '풍경 조사하기'로 수정했다.

3. 당신의 천재성은 평생 동안 당신과 함께한다

당신의 천재성은 덧없이 사라지고 마는 일시적인 것이 아니라 언제나 당신과 함께한다. 타고난 것이기 때문이다. 어린아이들도 천재성을 인식할 수 있다. 자신의 천재성을 '더 깊이 파헤치기'라고 이름 붙인 조이스는 이렇게 말했다. "내 천재성은 내가 아침에 눈을 뜨기도 전에 일어나요." 자신의 천재성을 '돌보기'라고 이름 붙인 티아는 이렇게 말했다. "내 천재성이 항상 나와 함께한다는

것을 알아요. 나는 그것이 거부할 수도, 피할 수도 없는 내 영혼의
에너지라고 믿어요."

4. 당신의 천재성은 타고난 것이며 성공의 원천이다

당신의 천재성은 대개 부지불식간에 당신의 활동에 관여한다.
아주 자연스러워서 전혀 눈치 채지 못한다. 그렇지만 천재성이 올
바른 상황에서 발휘될 때 당신에게 기쁨과 성공을 안겨 준다.

5. 당신의 천재성은 긍정적인 힘이다

당신의 천재성에 대해 부정적인 느낌이 드는 이름이 떠올랐다
면, 그것은 당신의 천재성을 설명하는 것이 아니다. 천재성은 긍정
적인 힘이다. 오로지 좋은 것을 나타내는 표현으로 이루어진다. 때
로는 당신의 천재성이 부적절하게 혹은 해로운 목적으로 발휘될
수 있지만, 당신의 천재성 자체는 긍정적인 것이다. 이 세상에 악
이 존재한다는 것에는 의심의 여지가 없지만, 악이 천재성의 산물
은 아니다. 뛰어나지만 파괴적인 힘, 이른바 악령이라는 것은 긍정
적인 힘을 파괴적인 목적으로 사용한 결과이다.

6. 당신의 천재성은 그렇게 되기를 바라는 것이 아니라 지금
   있는 바로 그것이다

당신이 선택한 이름이 당신의 천재성을 진정으로 기술하는 것

이지, 막연히 그것이어야 한다거나 다른 사람들에게 멋지게 들릴 것 같다고 생각되는 것이 아님을 명심하라. 예를 들어 회사나 단체가 후원하는 워크숍에서, 사람들은 흔히 '팀원으로 일하기' 혹은 '위험 감수하기' 같은 이름을 떠올린다. 그 조직이 팀플레이나 리스크를 감수하도록 격려할 때 주로 이런 이름이 등장한다. 천재성을 찾으려면 이러한 용어를 더 깊이 파헤쳐야 한다. 이 경우, '팀원으로 일하기'는 '관계 맺기' 혹은 '힘 보태기' 같은 이름이 될 것이다. 즉, 당신만이 기여할 수 있는 것을 구체적으로 나타내야 한다.

7. 당신의 천재성에 대한 이름은 '–하기'로 표현한다

당신의 천재성은 이벤트나 목표나 결과가 아니라 과정이다. 정적靜的인 것이 아니라 진행 중인 것으로 (영어식 표현으로 이를 나타내기 위해 '–ing'라는 동명사를 사용) 표현한다. 앞의 예에서 살펴본 '풍경 조사하기Surveying the Landscape', '더 깊이 파헤치기Digging Deeper', '돌보기Taking Care' 등에서 동명사가 어떻게 작용하는지 볼 수 있다.

8. 당신의 천재성에 대한 이름은 유일무이한 것이다

아래 목록은 사람들이 천재성을 위해 선택하는 이름들이다. 목록을 읽어 내려가면서 "이 이름은 나한테도 꼭 맞아"라고 말하고 싶은 유혹을 물리쳐라. 당신의 천재성에 맞는 당신만의 이름을 찾는 과정을 직접 수행하라. 그 과정은 선택이 아니라 발견이다. 천재성을 기술하기 위해 사용된 수백 가지 이름들 속에서 나는 한 번도 똑같은 이름을 들어본 적이 없다. 당신의 천재성은 당신만이 타고난 특별한 재능이다. 그 재능에 맞는 특별한 이름을 찾기를 바란다. 아래 목록에서 당신의 마음을 울리는 것이 있다면, 그것을 당신의 천재성에 대한 최종 이름이 아닌 단서로 삼아라. 아래 목록에 나오는 이름들은 이 책에서 하나하나 살펴볼 것이다.

마음 쏟기

더 깊이 파헤치기

이해 추구하기

돌보기

일 바로잡기

긍정적인 것 찾기

일 성공시키기

깊이 공감하기

단서 찾기

따뜻함 발산하기

항로 정하기

기반 다지기

경로 탐색하기

보석 찾기

기본 과정

당신의 천재성을 재구성하는 과정에는 세 가지 기본 요소가 있다. 첫째 요소는 당신이 경험한 것들의 특정 측면을 주목하는 것이다. 천재성에 관한 단서는 현재 및 과거의 경험에서 찾을 수 있다. 이 책을 읽고 적용하기 질문을 보면서 당신의 경험에 주목하라. 이때 비판하고 판단하는 눈으로 보지 말고 그냥 관찰하고 수긍하는 눈으로 그 경험들을 살펴라. 주목하기는 정보를 수집하는 과정이다.

둘째 요소는 당신이 주목한 정보를 **연상**聯想하는 것이다. 당신의 천재성에 대한 단서가 될 것 같은 것을 주목했다면, "이것과 비슷한 일을 한 적이 없나?" 물어보라. 자유롭게 연상하라. 당신 자신을 검열하려 하지 말고 직관을 믿어라.

재구성하는 과정의 세 번째 요소는 자신에 관해 수집한 표면 정보의 **내면을 들여다보는 것**이다. 당신의 천재성은 표면적으로 드러나는 활동 이면에 숨어 있다. 그 숨은 암류暗流를 찾기 위해서, 호기심을 가지고 천재성을 재구성하는 과정에 접근하라. 당신 자신을 분석하거나 동기를 따지려 하지 마라. 당신이 자연스럽게 그리고 자발적으로 하는 일에 대해 호기심을 가져라. 적용하기와 제안은 정보를 수집하고 연상하고 내면을 들여다보기 위한 것이지,

분석하거나 판단하려는 것이 아님을 명심하라.

아하!

★ ★ ★ ★ ★ ★ ★ ★ ★
적용하기 01 〉〉〉
당신의 천재성에 맞는 어휘
를 찾기. 적용하기 섹션에서
소개 부분(pp.223~225)로 참
조하라.
○ p.226

천재성을 인식하는 순간은 바로 "아하!"라고 외치며 깨닫는 순간이다. 바로 이 순간, 갑작스럽고 강력하게 당신 자신에 대한 통찰력이 생긴다.

물리학자 베르너 하이젠베르크가 들려준 사건은 '아하!' 체험의 멋진 사례이다. 1926년, 하이젠베르크와 동료 물리학자 닐 보어는 덴마크의 코펜하겐에서 날마다 밤을 지새우며 새로 태어난 양자역학 이론에 대해 논쟁했다. 1927년 2월, 보어는 잠시 모든 것을 뒤로 하고 노르웨이로 스키를 타러 가기로 결심했다. 하이젠베르크는 혼자 남게 된 것을 기뻐하며 이렇게 썼다. "이 가망 없이 복잡한 문제를 방해받지 않고 혼자서 생각할 수 있게 되었군."[4]

천재성에 대해 몇 시간, 몇 날, 아니 몇 달을 고심하는 데도 아무런 단서를 찾지 못한다면, 여유를 가지고 바라보기 위해 잠시 그 과정에서 벗어나는 것도 좋다.

하이젠베르크는 이 고독의 순간에 대해 쓰면서 자기 앞에 놓인 장애물을 이겨 내기가 어렵다고 고백했다. 그는 자기와 보어가 잘못된 질문을 하고 있지는 않나 생각하고, 겉으로 보기에 상호 배타적인 사실들을 연결해 보려고 노력했다. 하이젠베르크는 이렇게 썼다.

순간, 그토록 오랫동안 닫혀 있었던 문의 열쇠를 반드시 여기서 찾아야 한다는 확신이 들었다. 나는 오밤중에 펠레 공원을 산책하면서 그 문제를 더 생각해 보기로 결정했다.[5]

하이젠베르크는 산책하면서 양자역학에서 불확정성의 원리를 공식화했다. 이것은 물리학의 세계를 바꿔 준 대단한 발견이었다. 나중에 그는 자신의 이론이 "대단히 중요한 다리를 놓았다"[6]라고 썼다.

하이젠베르크의 유명한 산책은 '아하!' 체험을 할 때 일어나는 과정을 잘 보여 준다. 그와 그의 동료들은 수개월 동안 골치 아픈 문제를 놓고 고심했다. 그 문제를 연구하고 관련 자료를 읽고, 함께 논쟁했다. 그러다가 하이젠베르크는 그 문제를 잠시 내려놓았다. 그랬더니 해답이 나타났다. '아하!' 체험을 가져오는 창조적인 도약을 하려면, 이렇게 짐을 내려놓고 문제로부터 잠시 벗어날 필요가 있다.

창의성 전문가들은 이러한 현상을 무의식이 의식 속으로 튀어나온 결과라고 설명한다. 천재성에 대한 이름을 찾기 위해 여기서 제공한 적용하기 문제를 의식적으로 푸는 동안, 잠재의식도 똑같은 과제를 놓고 활발히 작동한다. 당신이 천재성에 대한 정보를 수집하는 의식적 활동을 잠시 멈춘다면, 잠재의식이 뚫고 나와서 천재성을 인식하기 위해 하던 일을 보여 줄지 모른다.

알베르토는 조깅하는 동안 자신의 천재성에 대한 이름을 떠올렸다. 어떤 사람들은 꿈속에서 이름을 찾기도 한다. 한 남자는 송어 낚시를 하다가 발견했다고 말했다.

당신은 이 책에 나오는 적용하기를 적용해 보면서 당신의 의식을 정보로 채울 것이다. 그렇다면 하던 것을 잠시 멈추라. '아하!' 체험은, 당신의 잠재의식이 의식의 수다 속으로 뚫고 나오는 순간 이루어질 수 있다. 마음먹는다고 체험할 수 있는 것이 아니다. 그냥 산책이나 조깅을 하거나 낮잠을 자거나 한가로이 냇가를 거닐면서 주의를 딴 곳으로 돌려 보라.

당신의 천재성에 맞는 올바른 이름을 찾는 순간 당신 스스로 그것을 알 것이다. 나는 수많은 사람들이 천재성을 인식하는 순간을 지켜보았다. 거의 언제나, 그들은 그 이름을 제대로 찾았고, 찾았다는 것을 바로 알았다. 지켜보는 나도 그것을 눈치 챌 수 있었다. 그들의 표정에는 알아냈다는 뿌듯함이 드러난다. 그 느낌을 주목하라. 올바른 이름을 찾아내는 순간, 당신도 그러한 느낌을 맞볼 것이다.

Chapter 3 ★

당신 자신에게 주목하라

발견을 위한 진정한 항해는 새로운 땅을 찾는 것이 아니라
새로운 눈을 갖는 것이다.

− 마르셀 프루스트

★ ★ ★ 아침 7시 30분, 소규모 자연보존지구 안에 있자니 6월인데도 후끈한 기운이 감돌았다. 나는 나무 벤치에 앉아 커피를 마시고 있었다. 이 고요한 순간에 무슨 깨달음이라도 얻을까 싶어 발치에서 한 3미터 앞쪽에 흐르는 강줄기를 넋 놓고 바라보았다. 며칠 전까지만 해도 초여름 폭우로 강이 진흙처럼 탁했지만, 지금은 강바닥이 훤히 들여다보일 만큼 깨끗했다. 내게 시원한 그림자를 드리워 주는 주변을 에워싼 커다란 떡갈나무들이 에메랄드처럼 투명한 물빛에 그대로 투영되었다.

잔가지 밟히는 소리가 들려 나는 좁은 길을 따라 걸어오는 남자에게 주의를 돌렸다. 그는 낡아 빠진 무거운 신발을 신었고, 검정과 노랑이 격자무늬로 짜인 낡은 작업 셔츠와 빛바랜 카키 바지를 입고 있었다. 한동안 면도를 안 했는지 턱에는 회색의 짧은 수

염이 숭숭 나 있다. 나이가 60은 족히 넘었을 것 같았다. 그는 겁낼 것 없다는 신호로 내게 미소를 지어 보였다.

"강이 다시 원래대로 돌아왔군요."

남자가 벤치 뒤에서 멈추더니 내 어깨 너머로 유유히 흐르는 강물을 바라보며 말했다.

순간, 나는 남자와 대화를 시작해야 할지 확신이 서지 않아 머뭇거리며 대답했다.

"아, 예."

"몇 주 전에는 강물이 너무 높아서 당신이 앉아 있는 이 벤치까지 차올랐답니다."

남자는 그렇게 말하면서 내 옆에 앉았다. 이야기를 나누기 싫으면 그냥 자리를 뜨면 됐다. 나는 그냥 앉아 있기로 결정했다.

"클라이드라고 합니다. 이 근처에서 뵌 적이 없는 분 같네요."

나는 내 소개를 하고 물었다.

"이곳에 자주 오십니까?"

"예. 몇 달 전에 회사에서 해고된 후로 줄곧 여기서 지냅니다. 뭔가 할 일이 필요하던 차라, 공원을 돌보면서 소일하는 거죠. 아침에 공원 문을 열고 나서 하루 종일 구석구석 손보다가 저녁 먹으러 집에 갑니다. 그리고 해가 진 뒤에 다시 와서 공원 문을 닫습니다. 그러느라 하루 종일 바쁘게 지냅니다. 그게 좋고요."

나는 몇 차례 이곳을 방문했지만 클라이드를 보지 못했다. 하지만 그는 나를 주목했을 것이다. 그리고 낯선 사내가 자기 영역에서 무엇을 하나 궁금했을 것이다. 나는 한 10분 정도 이런저런 질문을 했고, 그는 또박또박 대답했다. 내가 들은 바로, 그는 큰 상점에서 관리인으로 일했고, 나이 든 누님을 돌보고 있으며, 임대주택 두 채를 소유하고 있다.

그가 이야기를 들려줄 때, 나는 그의 천재성에 대한 단서를 찾으면서 들었다. 그것은 조각 퍼즐 맞추기를 하는 것처럼 흥미로운 게임이다. 먼저 조각을 하나씩 조사해야 한다. 그는 관리인이고, 누님을 돌보고 있으며, 집을 두 채 가지고 있다. 그런 다음 그 조각들을 어떻게 조립할지 알아내야 한다. 관리하는 일은 뭔가를 돌보거나 고치는 일이다. 그는 공원을 관리하고, 나이 든 누님을 돌보며, 임대해 준 주택을 수리하며 소일한다. 마지막으로, 전체 그림이 어떻게 결합되는지 확인해야 한다. 클라이드는 돌보고 고치고 관리하고 바로잡는 등의 일을 한다. 내가 공원을 떠날 때 차에 무슨 문제라도 생긴다면, 클라이드가 나타나서 도와줄 거라는 생각이 들었다. 조각을 다 맞췄을 때의 그림이 겉면에 붙어 있는 그림과 같은 퍼즐 맞추기와는 달리, 이러한 유추에는 정답이 없다.

클라이드가 자신의 천재성을 무엇이라고 이름 붙일지 알 수는 없지만, 그가 들려준 이야기 안에는 많은 단서가 들어 있었다. 나는 클라이드의 천재성이 돌보는 것 혹은 고치는 것과 관련 있을 거라고 생각했다.

천재성을 인식하는 과정은 주로 관련된 정보를 수집하고, 천재성에 맞는 이름을 산출하기 위해 수집된 정보를 조사하는 것이다. 간단하면서도 직접적인 방법으로 관련 정보를 수집할 수 있다. 그러한 방법들 중 하나는 아래 나와 있고, 나머지는 5장과 적용하기 섹션에 자세히 나와 있다. 정보를 수집하기 위한 갖가지 방법으로 방대한 정보의 광장을 탐색할 수 있다. 예를 들어 클라이드와 내가 나눈 대화 속에서, 그가 즐기는 일, 그가 공원과 공원을 찾는 사람들에게 제공하는 것, 그리고 그가 성공했다고 느꼈던 삶의 순간 등 그가 밟아 왔던 여러 광장에 대한 정보를 조사할 수 있다.

당신의 천재성을 탐색하기 위한 첫 정보의 광장은, **당신이 하는 것을 주목하지 않을 때 당신이 하는 것을 주목하는 것**이다. 그렇다, 이 말은 역설적으로 들릴 것이다. 하지만 천재성은 의식하지 않는 순간에 자연스럽게 발산된다. 이는 당신이 평소에 무시해 버리는 정보에 귀를 기울여야 하기 때문에 중요한 정보의 광장이다. 자연스럽게 나오는 행동을 주목하지 않는다면 그러한 정보를 무시하는 것과 같다. 그러한 정보에 귀를 기울임으로써 당신 자신을 새로운 방식으로 바라볼 수 있다.

예를 들어 경영자 역할을 하는 사람들은 대개 한 가지 정보에만 관심을 기울인다. 그들은 생각과 아이디어와 수치로 표현되는 지적 정보만 신경 쓰고, 감정적 정보는 쉽게 무시해 버린다. 그들

자신의 감정이 관련된 때도 마찬가지다. 그렇지만 사람들이 자신의 일과 일터에서 벌어지는 사건에 대해 느끼는 감정은 업무 수행에 엄청난 영향을 미친다. 경영자들이 감정적 정보에 관심을 기울이면, 보통 때는 보지 못했던 것을 볼 수 있기 때문에 아주 다르게 행동할 것이다.

아래 구절은 당신이 대체로 주목하지 않는 것을 주목하는 것이 왜 중요한지 상기시켜 준다.

내가 데이터를 늘 받아들였던 대로 계속 받아들인다면,

나는 늘 생각했던 대로 계속 생각할 것이다.

내가 늘 생각했던 대로 계속 생각한다면,

나는 늘 믿었던 대로 계속 믿을 것이다.

내가 늘 믿었던 대로 계속 믿는다면,

나는 늘 행동했던 대로 계속 행동할 것이다.

내가 늘 행동했던 대로 계속 행동한다면,

나는 늘 얻었던 대로 계속 얻을 것이다.[1]

이 구절은 당신이 늘 사용하던 것과 다른 정보를 사용하면 삶과 일에서 변화가 생길 것이라고 암시한다. 천재성을 인식한 사람들에 대한 이야기들은 그러한 인식이 가져다 줄 심오한 차이를 입증한다.

천재성을 인식하면, 자기 자신과 일을 다른 방식으로 볼 수 있으며 새로운 믿음이 생겨난다. 그 새로운 믿음은 행동을 변화시킨다. 행동이 변화하면 기존의 것과 다른 것을 얻을 수 있다. 이렇게 일련의 인과 관계를 원활히 진행시키려면, 다른 종류의 정보에 귀를 기울여야 한다.

일단 정보를 수집하기 시작했다면, 천재성을 인식하고 그에 걸맞는 이름이 떠오를 때까지 그 정보를 파헤쳐야 한다. 정보를 수집하는 과정과 달리, 이 과정은 전혀 간단하지가 않다. '아하!' 체험을 하기 위해 유기적이고 창의적으로 생각해야 한다. 그 과정은 당신의 천재성만큼이나 독특할 것이다. 그렇기 때문에 내가 클라이드의 천재성이 무엇이라고 말할 수 없다. 그가 직접 자신의 독특한 과정에 착수하여 본인에게 의미 있는 이름을 떠올려야 한다. 한마디로 당신의 천재성에 맞는 이름을 찾기 위한 마술 같은 공식은 없다.

마술 같은 공식이 없다고 하니, 나는 이 책에서 당신이 수집한 정보를 파헤치고 원하는 '아하!' 체험을 도와줄 세 가지 접근 방식을 알려 주고자 한다.

★ 당신에 대해 수집한 정보는 양파의 겉껍질에 놓인 것이고 천재성은 그 중심부에 담겨 있다고 상상하라.
★ 수집한 모든 정보에서 공통분모를 찾아라.

★ 모든 정보의 이면에 있는 공통 요소를 발견하라.

양파 껍질 벗기기

천재성을 인식하는 과정은 양파 껍질을 벗기는 것과 흡사하다 p.62의 도식을 참고하라. 겉껍질 층에 당신의 기술, 재능, 행동, 성과, 관심, 창조물 등이 드러나는 양파를 상상해 보라. 이처럼 당신의 천재성은 여러 방식으로 드러나기 때문에 당신은 재능과 기술을 개발할 수 있었다. 이들은 당신의 천재성을 생생하게 보여 주는 수단이다. 이러한 겉껍질 층을 벗겨 내면, 중심부에 있는 천재성을 인식할 수 있다.

나는 내 천재성을 '명확성 창조하기'라고 부른다. 나는 커뮤니케이션, 글쓰기, 사진 촬영, 가르치기 등에서 기술을 개발했다. 이러한 일들을 통해 나는 명확성을 창조한다. 그렇지만 천재성 자체는 그러한 기술과 재능 이면에 놓여 있는 것으로, 양파의 중심 쪽에 더 가깝다.

나는 1980년대 중반에 이르러서야 천재성을 인식했다. 나 역시 만족할 만한 이름에 도달하는 데 몇 달이 걸렸다. '명확성 창조하기'는 세상을 이해하는 것과 관련된다. 복잡한 아이디어와 현상을 파악하는 방법을 찾아내는 것이다. 예를 들어 나는 조직과 개인의 성장에 관한 상담을 하기 위해서 고객 서비스, 커리어 관리, 조직의 목표, 자기 책임, 리더십, 팀워크, 권한 부여 등을 설명하는 개념 모델을 개발하는데, 고객들에게 중요한 현상을 이해시키기 위해서이다. 다른 기관과 조직이 다른 이슈를 처리하는 과정이나 프로그램 계획에도 이러한 모델들은 유용하게 쓰인다. 이러한 개념 모델을 수립하는 기술은 양파의 껍질에 가까운 것이지, 내 천재성은 아니다. 천재성은 훨씬 더 깊은 곳에 자리한다.

나는 가르치는 것도 좋아한다. 가르치다 보면 가르치는 내용을 더 잘 알게 된다. 명확성이 커지는 데 도움이 된다고나 할까. 나

는 수학, 심리학, 커리어 관리, 조직의 변화, 경영 이론, 팀 개발, 고객 서비스 등을 가르친다. 그중에서 명확성이 더 필요하다고 생각되는 것을 가르칠 때가 가장 즐겁다. 개념 모델을 창조하는 것과 마찬가지로, 가르치는 것도 기술이며 역시 양파의 표면 쪽에 위치한다.

내 천재성은 취미를 즐길 때도 발휘된다. 나는 아마추어 목수이다. 집에 있는 목제 테라스도 손수 지었고, 삼나무로 욕조를 만들기도 했다. 그러한 프로젝트를 어떻게 수행할지 잘 알고, 작업도 즐겁게 진행했지만 또다시 만들 생각은 없다.

나는 또한 아마추어 사진작가이기도 하다. 그냥 봐서는 무엇을 전달하려는지 잘 모르는 이미지를 찍어 내려고 노력한다. 내가 가장 좋아하는 사진 중 조깅하는 두 사람이 나오는 것이 있다. 남녀 한 쌍이 플로리다의 키웨스트에 있는 한 교회 계단에서 쉬는 모습을 찍은 것이다. 검은 티셔츠와 반바지 차림의 남자는 그늘진 곳에서 몸을 앞으로 숙이고 팔꿈치를 무릎에 대고 얼굴을 손으로 받치고 있다. 남자와는 대조적으로, 여자는 햇빛에 그대로 노출되어 있다. 하얀색 조깅복에 머리도 밝은 금발이다. 여자는 등을 뒤로 젖히고, 다리는 앞으로 쭉 뻗고 있다. 남자는 눈을 내려뜨고 있지만, 여자는 둘 사이를 가르는 연철 난간 너머로 남자를 쳐다보고 있다. 이 사진에서 두 사람은 빛과 그림자, 개방과 폐쇄의 대비를 상징한다. 둘 사이를 가르는 난간은 장벽을 암시한다.

다른 사람들이 이 이미지를 보면, 내가 처음 그것을 보았을 때처럼, "도대체 무슨 일이 벌어지고 있는 거야?"라는 식으로 반응한다. 사람들은 사진을 한참 쳐다본 뒤에 저마다 한마디씩 던진다. 두 사람이 무척 화가 나 있다고 말하는 사람도 있고, 남자는 여자를 무시하지만 여자는 남자의 관심을 끌어 보려고 애쓰고 있다고 말하는 사람도 있다. 두 사람이 그냥 쉬는 것이라고 단순하게 생각하는 사람도 있다. 이 사진은 내 천재성의 정수를 나타낸다. 뭔가 익숙한 것 같은데 잘 이해하지 못하다가 결국 그것에 대한 명확성을 얻게 된다. 내가 찍은 사진들 중 괜찮은 것들은 대개 이것과 흡사하다.

고객 서비스를 설명하기 위한 이론적 모델을 개발하고, 다양한 주제를 가르치고, 나도 잘 모르는 것에 대해 글을 쓰고, 테라스를 어떻게 만드는지 알아보기 위해서 테라스를 직접 만들어 보고, 보는 이로 하여금 "도대체 무슨 일이 벌어지고 있는 거야?"라는 질문을 던지게 만드는 사진을 찍는 등, 이 모든 활동에는 한 가지 중요한 유사점이 있다. 바로 명확성을 창조하는 것이다.

천재성을 인식하고 나면, 인간관계를 비롯해서 일과 취미, 종교 생활, 가족들과의 일상생활 등 삶의 모든 영역에서 그 천재성이 활발히 작동되고 있음을 보게 될 것이다. 또한 그러한 영역에서 중요한 문제를 선택하고 결정할 때 도와줄 강력한 도구를 갖게 될 것

★ ★ ★ ★ ★ ★ ★ ★ ★
적용하기 02 》》》
천재성에 대한 단서로서 당신의 기술과 재능, 행동, 성과, 관심, 창조물을 조사하기.
● p.228

이다.

　위에서 설명한 활동들은 양파의 겉껍질에 해당한다. 그 안에
든 천재성을 찾으려면 이 껍질 층을 벗겨야 한다. 핵심, 즉 천재성
을 찾기 위해 겉껍질을 모두 벗겨 내면 바로 '아하!'를 체험할 것
이다. 양파 껍질을 벗길 때처럼 '아하!' 체험도 눈물이 나게 할 것
이다. 오랫동안 만나지 못했던 절친한 친구를 만났을 때 흘리는 그
런 눈물을 말이다.

공통분모 찾기

　수집한 정보에 접근하는 두 번째 방식은, 공통분모를 찾기 위
해 그 내부에서 바라보는 것이다. 수학에서 공통분모란, 일련의 숫
자들을 나눌 수 있는 수를 말한다. 어떤 어휘가 당신의 천재성을
기술할 수 있는지 자문하고, 그 어휘들의 공통점이 무엇인지 찾아
보라. 이 개념의 실례로서, 아래 세 줄의 숫자들 각각에 대한 최소
공통분모를 찾아보라.

　　4, 6, 12, 24, 100

　　9, 15, 21, 30

　　15, 25, 65, 90

　첫째 줄의 최소 공통분모는 2이고, 둘째 줄은 3, 셋째 줄은 5

이다. 하지만 천재성에 관해 수집한 정보의 공통분모를 찾는 것은 이처럼 간단하지 않다. 천재성의 공통분모는 이렇게 분명하지 않기 때문이다. 가령 아래 나온 숫자들의 공통분모를 찾아보라.

2, 10, 13, 29, 300

이 숫자들의 공통분모는 문자 't'이다. 이 숫자들이 모두 영어 't'자로 시작되기 때문이다. 이 공통분모는 숫자들의 이면에 놓여 있어서 바로 눈에 띄지 않는다. 당신이 하는 활동 중에 발휘되는 천재성이 또렷하게 보이지 않는 것과 같다. 따라서 표면 정보의 이면을 파헤치고 조사해야 한다.

데이브의 이야기는, 당신이 하는 것을 주목하지 않을 때 당신이 하는 것을 주목하는 한 예이다. 또한 당신이 주목한 모든 정보에 대한 공통분모를 찾는 방식도 보여 준다. 데이브는 화학 공학자로 2년째 화학 회사에서 관리자로 근무하고 있다. 그런데 최근에 하던 일에 싫증이 났고, 그러한 태도가 성과에도 영향을 미치는 것 같아 걱정됐다. 그는 이렇게 나태해진 이유가 무엇 때문이며, 그 결과 어떻게 될 것인지 알아보려고 커리어 개발 워크숍에 참여했다. 그는 관리 책임을 맡은 것이 잘못된 선택이었는지도 알아보고 싶었다.

이 워크숍은 개인의 천재성 재구성에 초점을 맞춘 것이었다.

데이브는 천재성을 찾느라 하루 하고도 반나절을 더 매달렸지만 허사였다. 워크숍 둘째 날, 데이브는 점심을 먹고 나서 회의실에 제일 먼저 돌아왔다. 회의실 앞에 있는 플립 차트에는 커다란 종이가 붙어 있었다. 그런데 종이가 스탠드에 똑바로 펴져 있지 않고 구겨진 채 걸려 있었다. 구석에는 커다란 화분이 하나 놓여 있는데, 화분에 심어진 나무가 옆으로 심하게 기울어져 있었다.

데이브는 회의실로 들어가자마자 플립 차트 쪽으로 가서 종이를 손으로 평평하게 폈다. 그런 다음, 나무를 똑바로 세워 놓고 의자들을 정리한 뒤 자리에 앉았다. 잠시 후, 사람들이 회의실로 하나둘 모였고, 다시 자기 자신에 대해 주목했던 것에 대해 이야기를 시작했다.

데이브가 말했다. "내가 그것을 주목하는 동안에는 그것을 하고 있는 나 자신을 주목하지 못했지만, 이제는 주목합니다. 회의실에 들어왔을 때, 나는 플립 차트를 바르게 폈고, 나무를 똑바로 세웠으며, 의자를 제자리에 정리해 놨습니다. 이처럼 회의실을 정리하는 것이 제게는 아주 자연스러운 일입니다. 일부러 그러려고 한 것은 아니었습니다. 그냥 그렇게 한 것이죠."

이런 식의 행동이 바로 천재성에 대한 단서이다. 자발적이고, 계획하지 않았으며, 거의 혹은 전혀 자각하지 않고 실천한 행동이다. 당신이 하는 것을 주목하지 않을 때 당신이 하는 것이다.

데이브는 자기가 했던 것을 주목하고 나서, 삶의 다른 측면들과 이 행동을 관련지어 연상하기 시작했다. 그는 집에 갖춰 놓은 작업실에 대해 말했다. 작업실에서 하는 여러 가지 일 중에서 연장과 도구를 정리하는 일도 무척 즐겁다고 했다. 또한 현재 다니는 직장에 첫 출근한 날에 대해서도 이야기했다. 그가 맡아서 관리하기로 한 사람들이 우왕좌왕 갈피를 못 잡고 있었다. 일의 우선순위도 명확하지 않았고, 쓸데없는 일에 시간과 노력을 낭비하는 경우도 많았다. 사람들 간에 갈등도 많았고, 회사 내 다른 그룹들과 알력도 있었다. 당연히 고객들은 혼란스러워했다. 그는 눈에 띄는 모든 혼란을 어떻게 정리했는지 설명했고, 현재는 모든 일이 원활하게 잘 돌아간다고 덧붙였다.

데이브는 회의실에서, 작업실에서, 그리고 직장에 출근한 첫날 그가 한 행동들 사이에 공통분모가 있다는 것을 알았다.

데이브가 말했다.

"그 모든 상황에서 공통분모는 일을 바로잡는 것입니다."

그후 데이브는 그토록 알 수 없었던 천재성을 재구성했고, '일 바로잡기'라고 이름 붙였다.

데이브는 네 가지 핵심 질문들 중 두 번째 질문에도 대답했다. 천재성을 인식한 즉시 자기가 그동안 천재성을 발휘하지 못했다는 것을 알았다. 더 이상 바로잡을 일이 없었으니 당연한 일이다. 데이브가 천재성을 발휘하기 위해서는 뭔가 어질러진 상태가 필요했다.

천재성을 재구성한 것은 데이브의 커리어에 중요한 이정표가 되었다. 그는 천재성을 발휘할 수 있는 일과 과제를 찾기로 결심했다. 그가 관리하는 상황에 일을 바로잡을 기회가 있다면, 관리직을 선택한 것이 실수가 아니었음도 알았다.

취지의 공통 요소 발견하기

수집한 정보에 접근하는 세 번째 방식은, 각각의 취지에 대한 공통 요소를 찾기 위해 수집한 전체 정보를 조사하는 것이다. 이러한 취지의 공통 요소는 대개 무의식적인 것이다. 가령 내가 천재성을 완전히 알아차리지 못했다면, 카운슬링과 컨설팅의 취지는 남을 돕는 것이고 리서치를 하는 취지는 새로운 지식을 얻는 것이라고 생각했을 것이다. 그렇지만 그런 것들은 의식적으로 의도한 행위들이다. 명확성을 창조하려는 근본 취지는 내가 의식하는 취지의 이면에 숨어 있다.

준의 사례 역시, 당신이 하는 것을 주목하지 않을 때 당신이 하는 일을 주목하는 또 다른 사례이다. 또한 당신이 주목했던 것에서 취지의 공통 요소를 찾는 방법도 잘 보여 준다.

앞서 데이브가 참여했던 것과 유사한 워크숍에 참석한 준은 자신이 다른 사람들보다 훨씬 더 포괄적이고 체계적으로 메모한다는 것을 발견했다. 또한 워크숍을 마친 후에도 서로 연락하며 지내도록 참석자들의 이름과 전화번호를 교환하자고 제안한 사람도 자신임에 주목했다. 준은 아무도 전화번호 목록을 요구하지 않았지만 참여한 사람들을 위해서 그렇게 해야 된다고 느꼈다.

준은 이러한 활동이 익숙했고 또 잘한다. 그래서 일상적으로 하는 다른 활동들과 관련지어 생각해 보았다. 주목한 행동과 다른 행동들을 쉽고 빠르게 연상할 때, 올바른 방향으로 나아가고 있음을 알 수 있다. 준은 취미 생활로 바느질과 원예를 즐겨 한다고 말했다. 바느질에 푹 빠진 건 아니지만 괜찮은 견본을 보면 사지 않고는 못 배겼다. 바느질 견본이 서랍 가득히 들어 있다. 이걸 다 사용할 것 같지는 않지만, 그래도 이렇게 모아 둔 것만으로 뿌듯했다. 바느질을 하고 싶을 때마다 언제든 골라서 할 수 있을 테니까. 그리고 준은 정원을 손질하는 것보다는 계획하고 준비하고 씨를 뿌리는 것을 더 좋아했다. 왠지 이러한 일을 해야 한다는 충동이 일었고 그때마다 아주 즐겁게 수행했다.

준은 이러한 활동을 하는 취지가 다른 활동을 시작하기 위한 기반을 다지는 것과 관련된다고 말했다. 전화번호 명단은 데이터 베이스였다. 견본은 바느질을 위한 토대이다. 정원을 계획하고 준비하고 씨를 뿌리는 것은 꽃과 야채를 재배하기 위한 토대를 마련하는 일이었다.

준은 자신이 주목한 것과 현재 계획하는 업무 변화를 연상해 보았다. 그녀는 대기업에서 근무하는데, 최근 회사는 구조 조정이 진행되고 있었다. 준은 시스템 분석가였지만, 요즘에는 회사가 복잡한 혁신을 잘 수행하도록 한시적으로 구성된 팀을 맡고 있다. 그녀의 팀은 트레이닝 프로그램을 맡았는데, 다른 팀들이 좀더 효과적으로 수행하도록 도와주었다. 준은 그 일이 무척 맘에 들었다.

오랜 토론과 심사숙고 끝에 준은 이 모든 활동들에서 취지의 공통 요소를 찾아냈다. 메모, 전화번호 목록, 견본, 정원 준비 등은 모두 기반이다. 워크숍이 진행되는 동안 엄청난 양의 메모를 한 것은, 워크숍을 마친 후에도 그 메모를 기반으로 하여 계속 공부하고 싶었기 때문이었다. 전화번호 목록은 천재성 인식 프로그램에 참여했던 사람들의 지원 네트워크를 만들기 위한 기반이었다. 견본이 가득 들어 있는 서랍은 바느질이 하고 싶을 때마다 이용할 수 있는 기반이었다. 그녀는 정원을 가꾸는 일 중에서도 토대를 다지는 일이 가장 즐거웠다. 그리고 회사에서 새로 맡은 일은 무척 신나고 즐거웠다. 회사가 변화를 수행하고 미래의 번영을 달성하도록 도와줄 기반을 조성하는 데 일익을 담당하고 있다는 자부심이 들었기 때문이다. 준은 그녀 자신을 위해 많은 기반을 조성했고, 회사 내 다른 사람들에게도 그러한 기반을 제공하고 싶었다.

준은 자신의 천재성을 설명하기 위해 '기반 다지기'라는 이름을 떠올렸다. 천재성을 인식하고 나서, 자기가 회사에서 새로 맡은 일을 왜 그렇게 즐겁게 수행했는지 확실히 알게 되었다. 그리고 네 가지 핵심 질문들 중 두 번째 질문에도 분명하게 대답했다. 그녀는 일에서 천재성을 확실하게 발휘하고 있다.

준은 여러 활동들에서 공통 취지를 추구함으로써 천재성을 인식했을 뿐만 아니라 동시에 공통분모도 찾아냈다. '기반 다지기'라는 이름을 떠올리기 전에, 준은 전화번호 목록을 만들고, 견본을 사고, 정원을 계획했다고 말했다. 그렇지만 '만들고, 사고, 계획하기'라는 말은 자신의 천재성을 기술하기에 적절한 것 같지 않았다. 그 말에는 적절한 펠트 센스가 없었다. '전화번호 목록, 견본, 정원'이라는 말도 마찬가지였다. 그녀의 천재성에 맞는 이름은 이 두 세트의 말들, 즉 '만들고, 사고, 계획하기'와 '전화번호 목록, 견본, 정원'의 공통분모였다.

자신의 천재성을 인식하고, "당신의 목적은 무엇인가?"라는 질문에 대답한 후에, 준은 조직 변화 담당자로서 새로운 커리어를 추구하기로 결심했다. 이 길은 그녀에게 딱 맞는 일 같았다. 그 일이 그녀의 천재성을 발휘하도록 해줄 뿐만 아니라, 이전에 분석적인 트레이닝을 받았고, 대기업에서 일했던 경력과 회사의 변화를 주도하는 팀에서 일한 경험 등이 모두 "건전하고 생산적인 인간 조직을 수립할 수 있는 기반을 쌓겠다"는 새로운 목적을 추구하도록 준비시켜 주었다.

네 가지 경고!

천재성에 맞는 이름을 찾는 과정은 다음의 네 가지 이유로 빗나갈 수 있다.

첫째, 어떤 천재성은 이름 붙이기가 아주 까다롭다. 가령 마셀

★ ★ ★ ★ ★ ★ ★ ★ ★
적용하기 03 〉〉〉
당신이 하는 것을 주목하지 않을 때 당신이 하는 것을 주목하기.
◑ p.230

은 자신의 천재성에 맞는 이름을 찾느라 애를 먹었다. 맞는 이름이라는 생각이 들자마자 금세 다른 대안이 떠올랐다. 마셀은 자신의 이러한 행동을 주목했다. 마셀의 천재성에 맞는 이름은 바로 '대안 고려하기'였다. 자신의 천재성을 '진상 규명하기'라고 정한 미라 역시 비슷한 고민을 했다. 미라는 어떤 이름을 결정한 뒤에 늘 그 이면을 조사했다. 그녀 역시 자신이 하는 행동을 주목했고, 자신의 천재성이 철저하게 조사하는 것과 관련이 있음을 인정했다.

둘째, 너무 추상적이거나 일반적이어서 당신의 특별함을 표현할 수 없을 정도로 천재성에 접근하면 그 과정이 빗나갈 수 있다. 가령 '다른 사람 돕기'나 '선 베풀기' 같은 이름을 예로 들어 보자. 당신은 남을 돕거나 선을 베풀려는 취지로 거의 언제나 천재성을 발휘하게 된다. 따라서 그러한 이름은 당신의 천재성을 차별화시키지 못한다. 그런 이름은 당신의 특별함을 충분히 드러내지 못한다. 문제는, 다른 사람을 돕거나 선을 베푸는 당신만의 특별한 방식이 무엇이냐는 것이다. 추상적이거나 일반적인 이름이 천재성을 설명하지는 못하지만, 그런 이름을 선택하려는 욕구는 귀중한 단서이다. 예를 들어 간호사인 앤은 처음에 자신의 천재성으로 '다른 사람 돕기'라고 생각했다. 앤은 양파의 껍질을 더 벗기도록 요구받고서 자신의 진정한 천재성이 '깊이 공감하기'라는 것을 깨달았다. 그녀는 늘 진심으로 느끼고 생각하기 때문에, 다른 사람들의 상황에 쉽게 공감하고 기꺼이 도와주려고 했다. 따라서 천재성에 맞는 이름을 찾을 때는 '타인'이나 '사람들' 같은 말은 사용하지 않도록 하라.

셋째, 천재성에 맞는 이름이 빨리 그리고 쉽게 떠오르지 않는다고 너무 낙심하면 오히려 그 과정이 빗나갈 수 있다. 데이브와 준은 워크숍이 진행되는 동안 맞는 이름을 인식할 수 있었지만, 대부분의 사람들에게 그 과정은 훨씬 더 오래 걸린다. 나만 해도 수개월이 걸렸다.

넷째, 강력한 어휘를 피하려 들면 그 과정이 빗나갈 수 있다. 어떤 사람들은 자신을 대담하게 표현하는 것을 주저한다. 예를 들어 몇 년 전에 어떤 모임에서 한 여성이 내게 자신을 '섬유 예술가'라고 소개했다. 나중에 우리가 같은 조에 편성되었을 때, 그녀는 "저는 퀼트 작품을 만들어요"라고 바꿔 말했다. 내가 그 차이를 묻자 "저는 제 자신을 섬유 예술가라고 생각해요. 하지만 그 말이 너무 거창하게 들려서요"라고 대답했다. 사람들은 천재성에 이름 붙일 때도 이런 식으로 접근한다. '에너지 일으키기'가 더 적절한 표현인데도 그냥 '불붙이기' 같은 이름을 선택한다. 당신의 타고난 파워를 축소하지 말고, 있는 그대로 설명해 주는 이름을 찾도록 하라. 마리앤 윌리엄슨이 한 말을 명심하라. "우리가 가장 두려워하는 것은, 우리의 무능이 아니라 지나치게 강함이다."[2]

이름표를 달아라

당신의 천재성이 무엇인지에 대한 아이디어가 떠올랐다면, 그
것을 이름표에 적어 보라. '올바른' 이름일까 걱정하지 마라. 그냥
그 순간 떠오르는 이름을 기록하면 된다. 다만 그 천재성을 진행
중인 과정으로 표현하도록 하라.

당신이 지금 적은 이름이 당신의 천재성에 맞는 이름이라는
생각이 들 수 있다. 그렇다면 내 천재성은 ＿＿＿＿＿＿＿ 이다라
고 큰 소리로 말해 보라. 기분이 어떤가? 괜찮게 들리는가? 아니면
뭔가 찜찜한가? 뭐가 됐든, 그 느낌을 신뢰하라. 사람들은 대부분
딱 맞는 느낌이 드는 이름을 찾을 때까지 여러 가지 이름을 거친
다. 그러니 걱정하지 마라. 이 순간, 당신의 천재성에 맞는 이름이
라고 선택한 이름을 받아들이라. 그리고 이 책을 계속 읽어라. 당
신이 붙인 이름이 맞다면, 계속해서 옳게 느껴질 것이다. 만일 그
이름이 맞지 않다면, 책을 읽으면서 맞는 이름에 점점 더 다가갈
것이다.

천재성의 의미

어떻게 하면 훌륭한 사람이 될 수 있을까?
무엇을 해서 이 사회에 기여할 수 있을까?
내 안에 그 답이 있다. 그것이 무엇일까?
— 빈센트 반 고흐

★★★천재성은 굉장히 오래된 개념이지만, 최근 다시 세인의 관심을 받고 있다. 천재성이 다시 부각되기는 해도, 그 이미지는 희미하다.

천재성의 이미지가 희미한 이유는 여러 가지다. 과거에 천재성을 인정했거나 현재 인정하는 다양한 종교적, 문화적 전통 안에서조차 이를 지칭하는 용어가 다르며, 온갖 당파와 학파, 종교와 민족들이 서로 다른 의미를 부여한다. 심지어 사람마다 천재성을 가리키는 이름이 다르며, 그 이름도 시간이 지나면서 변한다.

사람들은 각기 다른 전통에서 자라면서 신성한 영역을 다른 방식으로 표현한다. 영적인 경험과 믿음을 나름의 우주론에 따라 이러저러한 개념으로 정의한다. 가령 천재성과 영혼 간의 경계만 해도 그렇다. 고대 그리스인과 로마인들은 천재성을 물리적 현실과 온갖 신들 사이의 매개물이라고 보았다. 기독교도들은 유일신인 하나님과의 연결 고리라고 보고, 어떤 아프리카 전통에서는 조상들과 연결되는 수단이라고 생각한다. 천재성의 특정 이미지를 둘러싼 각각의 우주론이 상당히 다르고, 다양하다.

천재성은 여러 사람들의 저작을 통해 다시 부흥기를 맞이하게 되었다. 웨인 다이어의 《의지의 힘The Power of Intention》, 제임스 힐먼의 《영혼의 코드The Soul's Code》, 디팩 초프라의 《성공을 부르는 일곱 가지 마음의 법칙The Seven Spiritual Laws of Success》, 게리 주커브의 《영혼의 자리Seat of the Soul》, 말리도마 소메의 《아프리카의 치유하는 지혜The Healing Wisdom of Africa》, 로버트 블라이의 《씨족 사회The Sibling Society》 등에서 천재성을 다루었다.

힐먼은 천재성에 관한 역사적 믿음 체계를 '도토리 이론Acorn Theory'을 통해 설명한다. 도토리가 떡갈나무로 자라기 위한 틀을 그 안에 간직한 것처럼, "세상의 모든 사람들이 특별한 소명을 가지고 태어났으며, 그 소명은 사람이 나면서부터 이미 존재한다"라고 설명하였다.[1] 힐먼의 생각은 "당신과 나를 비롯한 모든 사람들에게 태어날 때부터 정해진 모습이 있다"는 점을 인식하고, 어떠한 전통에나 천재성 개념이 있다는 것을 인정하기 때문에 매우 유용하다.[2] 그의 이론은 또한 우리의 이성을 뛰어넘는, 그리고 이력서에 기술하는 경험과 기술 외에 어떤 것이 각자의 위대함의 씨앗으로 작용한다는 것을 입증해 준다. 나는 그 어떤 것을 '천재성'이라고 부른다. 내가 이 용어를 선택한 것은 익숙한 용어이기 때문이다. 또한 로마인들이 언급한 천재성의 개념이 일과 커리어를 결정하는 천재성의 특징을 대부분 포함하기 때문이다.

과거에 비해 천재성의 이미지가 흐려지긴 했지만, 여전히 의미 있고 가치 있는 그림을 구성할 수 있을 만큼 잘 그려져 있다. 이 장에서는 당신의 특별한 천재성 인식 과정은 잠시 중단하고 천재성의 개념을 간단히 소개할 것이다.

천재성이라는 개념은 합리적인 생각보다는 직관과 믿음에 더 가깝다. 따라서 천재성은 정의보다는 이미지를 통해 더 올바르게 인식될 수 있다. 천재성에 대한 이미지나 특징이 다른 것보다 더 옳거나 낫다고 주장할 생각은 없다. 그보다는 천재성의 본질적인 특징을 기술하고자 한다. 이를 통해서 당신에게 딱 맞는 천재성의 이미지를 스스로 구성할 수 있기를 바란다. 또한 당신의 고유한 영적, 문화적 전통 속에 존재하는 천재성의 개념을 찾기를 바란다.

다양한 이미지

당신에게 딱 맞는 천재성의 이미지를 찾기 위해서, 먼저 다양한 영적, 종교적 전통을 대표하는 예술가들이 나름의 천재성을 묘사했다고 상상해 보라. 각각의 이미지는 예술가 자신의 전통적인 믿음을 반영하기 때문에 그 전통을 공유하는 사람들은 그 이미지를 보고 공감할 것이다. 예를 들어 기독교에 뿌리를 둔 윌리엄 블레이크는 하프 타는 시인에게 풍요의 뿔을 전해 주는 날개 달린 천사의 이미지로 천재성을 그렸다. 전적으로 기독교에 입각한 이미지이다. 이와 대조적으로, 파라오 시대에 살았던 이집트의 예술가는 천재성을 인간의 머리를 한 새의 형상으로 묘사했을지 모른다. 그렇게 묘사하고 그것을 '바ba'라고 불렀을 것이다. 아메리카 원주민 예술가는 개인의 토템 동물을 천재성이라고 생각할지도 모른다. 이처럼 천재성이 전통의 여러 측면을 드러내는 것은 놀라운 일이 아니다.

천재성의 뚜렷한 이미지를 찾기는 쉽지 않다. 이집트의 예술가를 한 번 더 주목해 보겠다. 그 예술가는 새-인간인 '바' 대신 영혼을 나타내는 '카ka'의 이미지를 그렸을지도 모른다. 우리가 바와 카의 개념을 정확하게 알지는 못하지만, 각각은 다른 전통에서 천재성의 속성을 지녔을 것으로 여겨진다. 이집트 예술가가 카를 묘사한다면, 죽은 자의 영혼을 묘사하기 위해 사람의 온전한 이미지 뒤에 좀더 작은 형상을 함께 그렸을 것이다.

각 문화를 대표하는 예술가들이 천재성을 다르게 묘사했더라도, 그들의 이미지에 형상을 제공한 믿음 체계를 보면 공통적인 특징을 찾을 수 있다. 그 특징은 상당히 비슷해서 그 이미지가 천재성을 나타내는 것임을 한눈에 알아볼 수도 있다. 우리는 그중에서 다음과 같은 공통점에 초점을 맞춰 살펴볼 것이다.

★ 천재성은 신성한 선물이다.

★ 천재성은 신성과 일상 사이의 매개물로 작용한다.

★ 천재성의 목적은 다른 사람들에게 봉사하는 것이다.

★ 각자의 천재성은 특별하다.

★ 천재성은 자연스럽게 나온다.

★ 천재성은 보호와 안내의 근원이다.

★ 천재성을 버리거나 무시하는 것은 위험하다.

물론 우리가 가정했던 예술가들이 그린 이미지의 믿음 체계에는 이러한 특징 중 한두 가지가 빠져 있을 수 있다. 각기 다른 영적, 문화적 전통에서 천재성의 모든 면이 완전히 일치되지는 않지만 공통된 부분이 있다. 각각의 전통에 대한 영적, 문화적 차이를 연구해 보는 것도 흥미 있을 것이다. 그렇지만 그 연구가 당신의 천재성을 인식하는 것보다 더 중요하지는 않다.

시작

'천재성'의 개념은 내 친구이자 동료인 칼뱅 제르맹이 소개해 주었다. 칼뱅은 그것을 '핵심 과정Core Process'이라 부르고, 우리가 외부 세계에서 정보를 받고 그에 대응할 때 우리 내부에서 일어나는 사건들의 자연스럽고 독특한 순서라고 설명했다.

핵심 과정을 이해하기 위해서, 당신 자신을 상자라고 상상해 보

라. 상자 한쪽 끝으로 정보가 들어가면, 상자 안에서 어떤 일이 일어나고, 다른 쪽 끝으로 무언가가 빠져나온다. 상자 안에서 일어나는 활동이 바로 핵심 과정이다. 내 경우, 핵심 과정은 내가 알고 싶은 것을 자세히 조사하고, 이해하는 것과 관련된다. 그것을 말하는 간단한 방식, 즉 내 천재성에 맞는 이름은 '명확성 창조하기'이다.

지금은 '천재성'이라고 부르는 걸 선호하지만, '핵심 과정'이라는 개념도 상당히 유용하다. 이 용어도 천재성이 나의 가장 중심에 존재한다는 개념에서 나온다. 또한 천재성이 결과가 아니라 진행 중인 과정임을 인정한다.

핵심 과정 개념은 천재성을 연구하던 초기 단계에서 큰 도움이 되었다. 그런데 뭔가가 빠진 것 같았다. 한번은 핵심 과정에 관한 워크숍이 진행되는 동안, 힌두교 전통에서 자란 한 여성이 내게 핵심 과정 개념이 '다르마dharma, 본성'와 상당히 비슷한 것 같다고 말했다. 그 여성은 다르마는 사람의 본질적인 자질이라고 설명했다. 나중에 그 용어에 여러 가지 의미가 있다는 것을 알게 되었지만, 아무튼 그 여성의 말은 천재성이 영적인 차원에 이르는 문을 열어 주었고, 내가 핵심 과정에서 잘 몰랐던 점을 알아내는 실마리가 되었다.

나는 핵심 과정을 다르마와 관련지어 생각한 것을 계기로 천재성의 여러 가지 형태를 조사해 보았다. 각각의 형태는 일부 속성이 다르긴 하지만 위에서 열거했던 일곱 가지 특징이 어느 정도씩은 있었다. 이렇듯 다양한 형태를 몇 가지만 예로 들면, 고대 그리스 플라톤의 'daimon수호정령', 고대 히브리 우주론의 'neshama천명, 天命', 도교의 '덕德', 헬레니즘 시대의 'pneuma영, 靈', 서아프리카 요루바족의 'ase내재하는 힘', 기독교의 수호천사, 아메리카 원주민의 토템, 서아프리카 다가라 부족의 'siura인간의 대표자 혹은 수호천사', 중앙아메리카의 'nagual개인의 수호정령' 등 상당히 많다.

신성한 선물

먼저 플라톤의 '다이몬'을 소개하는 것으로 천재성의 일곱 가지 특징을 구체적으로 살펴보자. 플라톤은 열 번째 책인《국가The Republic》에서, 영혼의 여행을 기술한다. 영혼들이 운명의 여신 중 하나인 라케시스 앞에 왔을 때 여신은 여러 가지 운運과 생명 유형을 무릎에 올려놓고 영혼들에게 선택하도록 한다. 각각의 영혼은 운을 선택하고, 생명 유형을 선택한다. 생명 유형을 고른 후에는 그 수호신인 다이몬을 선택한다. 플라톤은 이렇게 말한다. "모든 영혼들이 운을 선택하고 나서 라케시스 여신 앞에 섰다. 여신은 영혼들을 삶으로 인도해 주기 위해 각자가 선택한 수호정령을 할당한다."[3] 여기서 '수호정령Guardian Spirit', 즉 플라톤의 다이몬은 영혼이 도덕적 존재가 되는 나머지 과정을 이끌어 준다. 따라서 천재성은 영혼이 선택한 것으로, 이제 막 새 생명을 시작하려는 영혼의 안내자요, 보호자이다.

천재성을 신성한 선물이라고 보는 개념은 천재성이 출현하는 모든 곳에서 나타난다. 라틴어 성서를 완성한 성 제롬은, "태어나면서부터 자신을 지켜주도록 임명된 천사가 있으니 영혼은 얼마나 고귀한가!"[4] 라고 썼다. 또한 '카ka'는 신들로부터 받은 재능을 나타냈다. 힐먼은 '천재성genius'과 비슷한 말로 '특성character'이라는 용어를 사용하여 천재성 개념을 선물이라고 요약했다. "당신은 어떤 특성을 타고난다. 이 특성은 당신에게 주어진 것이다. 흔히 하는 말로, 태어나면서 수호신들이 내려준 선물이다."[5]

신성한 선물을 누가 주는 것인지에 대한 믿음은 각기 다르다. 신들이 보내 준 선물이라고 본 그리스 고전과 달리, 아프리카의 다가라 부족은 조상이 천재성을 준다고 생각한다. 천재성이 나타나는 시기와 수단도 저마다 다르다. 가령 아메리카 원주민의 토템은 태어나기 전이 아니라 꿈속이나 입문 의식 중에 혹은 고독한 순간에 주어진다.

매개물

플라톤의 '다이몬'은 영혼의 것이 아니라 영혼이 선택한 것이다. 그것은 매개해 줄 존재가 필요하다. 이러한 생각은 헬레니즘 우주론의 '영pneuma, 靈'이라는 개념에서 발견되었다. 이는 영혼을 담고 있는 매개물 혹은 매체로 작용하며, 영혼을 몸과 연결해 주는 것이라고 여겨졌다. '카'는 영적인 세상과 인간 세상 사이를 왕래하는 능력을 가졌다. 구약 성서와 신약 성서에서 천사는 신과 인간 사이의 매개자이다. 당신의 천재성은 당신과 신성 간의 연결점이다.

이러한 관점에서, 프란신의 이야기는 심오한 의미를 갖는다. 1장에서 프란신의 천재성이 회사에서 어떤 식으로 환영받지 못했는지 설명했다. 프란신은 결국 마음을 쏟고 싶은 능력과 열정뿐만 아니라 자기 안에 있던 신의 존재를 표현하는 것까지 거부당했던 것이다.

다른 사람들에 대한 봉사

이 책에서 내내 '당신의 천재성'이라고 말하지만, 천재성의 이치 속에는 당신의 것이 아니라 다른 사람들을 위한 것이라는 뜻이 있다. 이러한 뜻은 성경에도 나온다. 가령 고린도전서에 "각 사람에게 '성령'의 나타남을 주심은 유익하게 하려 하심이라", 그리고 베드로전서에 "각각 은사를 받은 대로 하나님의 각양 은혜를 맡은 선한 청지기같이 서로 봉사하라"[6] 등에 잘 나와 있다. 또한 우리는 선행을 베푸는 사람을 흔히 '천사'라고 부른다.

유대인들도 천재성을 공익을 위해 맡겨진 특별한 정신이라고 본다. 그들은 이렇게 말한다. "우리는 우리 안의 특별한 보물을 찾아서 다른 사람들과 나눠야 할 책임이 있다."[7]

노자는 《도덕경》에서 '덕德'을 논한다. 덕은 각자가 자신의 고유함을 유지하고 도道를 닦도록 해주는 힘이며, 모든 것을 감싸 주고 지탱해 주는 존재의 원천이다. 노자는 이렇게 썼다. "덕이 있다는 것은 사심 없이 오로지 사랑으로 행동하는 것이다."[8]

서아프리카의 다가라 부족은 다른 사람들에게 봉사하는 천재성을 좀더 감동적으로 표현한다. 말리도마 소메는 이렇게 적고 있다. 다가라 부족의 한 여성이 임신을 하면 마을 사람들은 제의를 통해서 신에게 "우리에게 이 아기를 이 시기에 보내는 이유는 무엇입니까?"라고 묻는다. 즉, 신에게 아이가 공동체에 무엇을 가져다줄지 묻는 것이다.[9]

천재성을 인식하고 축하하는 공동체에서 개인의 천재성이 더 잘 발휘된다. 다가라 공동체는 재능을 일깨우고 키워 줄 책임을 지며, 공동체의 생명력이 그 구성원들의 생명력에서 나온다는 것을 잘 알고 있다. 소메는 또 이렇게 말한다. "신생아는 자신이 타고난 천재성을 발휘하도록 지원받아야 한다. 그렇게 하지 못하면 천재성뿐만 아니라 그 천재성을 지닌 사람까지 죽이는 것이다."[10] 그리스인과 로마인들은 탄생일에 천재성을 찬미했으며, 때로는 그것에 제물을 바치기도 했다.

당신의 천재성은 절대 당신만의 것이 아니다. 당신에게는 그 특별한 보물을 인식한 권리가 아니라 그것을 발견하여 공익을 위해 발휘할 의무가 있다. 당신의 천재성은 세상을 이롭게 할 방법이다.

당신의 천재성은 신성과 영혼과 육체 사이에 매개물로서 작용하는 신성한 선물이며, 세상에 긍정적으로 기여할 수 있는 원천이다. 또한 당신에게만 있는 특별한 것이다.

디팩 초프라는 《성공을 부르는 마음의 법칙 일곱 가지》에서 일곱 번째 법칙을 '다르마의 법칙The Law of Dharma'이라고 부르며 이렇게 말한다.

> 당신에게는 다른 누구에게도 없는 당신만의 재능이 있다. 이 세상에 그 재능을 가진 사람이 없고, 그 재능을 당신처럼 표현하지도 못한다. 다시 말해 당신이 잘할 수 있는 일이 한 가지 있고, 당신이 하는 방법도 한 가지가 있는데, 그 방법은 온 세상 어느 누구보다도 나은 방법이다.[11]

종교학 교수인 존 펨버튼 3세의 말을 빌면, 요루바 부족의 'ase'라는 용어는 "사람 혹은 사물이 존재하기 위해 내재하는 힘, 즉 그 사람의 혹은 그 사물의 타고난 권능을 나타내는 본성"[12]을 기술하는 말이라고 한다.

자연스럽게 나오는 것을 하기

초프라가 기술한 특별한 재능인 천재성은 아주 자연스럽게 표출된다. 영어 사전의 '자연스러운 능력이나 재능'이라는 정의는 내가 천재성을 사용하는 의미와 가장 잘 맞는다. 당신의 천재성은 언제든 입증할 기회를 노리며 대기하고 있다. 나올 때 힘이 들지도 않는다. 《도덕경》에는 이렇게 적혀 있다. "덕을 쌓으면 마음이 평온하다. 적은 노력으로 많은 것을 행할 수 있으며, 내적 충동은 줄어든다."[13]

불교 학자인 탠든은 '다르마'라는 용어의 어원을 추적하여 다음과 같이 결론지었다. "다르마는 존재와 사물의 자연스러운 상태이며, 자신은 그대로 있으면서 다른 모든 존재를 존재하게 하는 질서의 근거이다."[14]

그런데 천재성의 이러한 자연스러운 자질 때문에 오히려 천재성을 인식하기가 어렵다. 그저 당연한 것으로 받아들이고, 주목하지 않는다. 그렇기 때문에 우리는 천재성을 인식하려고 애써야 한다. 천재성을 인식하는 것이 일과 커리어에 왜 그렇게 중요한가? 당연히 당신에게서 자연스럽게 나오는 것을 할 수 있다면 멋지지 않겠는가!

티아를 예로 들어 보자. 티아는 자신의 천재성을 '돌보기'라고 이름 붙였다. "이것은 내 영혼이 이생에서 표현하기로 선택한 방법입니다. 이것을 알고 나니 크게 도움이 됩니다. 쓸데없이 기운 빼지 않고 내 삶에서 중요한 것에 초점을 맞출 수 있게 되었어요. 좀더 생산적인 사람이 된 거죠."

플라톤의 '다이몬'은 그것이 동반하는 사람을 위한 보호자로 작용하며, 이러한 생각은 기독교의 수호천사에도 나타난다. 시편 91편에는 이런 말이 나온다. "화가 미치지 못하며 재앙이 네 장막에 가까이 하지 못하리니, 저가 너희를 위하여 그 사자들을 명하사 네 모든 길에 너를 지키게 하심이라."[15]

그렇지만 천재성이 단순히 지켜 주기만 하는 것은 아니다. 우리를 옳은 길로 안내해 주기도 한다. 소메는 이렇게 말한다. "우리는 개개인이 목적을 달성하도록 지원해 주는 궁극적인 협력자를 위해 영적인 세상에 시선을 돌린다. 당신의 시우라siura, 수호천사는 당신이 목적지에 이르는 길에서 벗어나지 않도록 당신 뒤에 바싹 붙어 있으며, 당신의 영감과 꿈과 본능을 통해서 당신에게 속삭인다."[16]

윌리엄 블레이크도 천재성을 목적 완수를 위한 안내자로 보았다. 친구에게 보내는 편지에서 그는 이렇게 썼다. "내가 디자인하는 스타일이 그 자체로 하나의 형식이라는 생각이 듭니다. 당신에게 보낸 이 디자인에서 나는 내 천재성 혹은 천사가 이끄는 대로 따라갈 수밖에 없었습니다. 내가 다른 식으로 행동한다면, 살아가는 목적을 달성할 수 없을 테니까요."[17]

플라톤은 다이몬을 '후견인'이라고 부르면서, 안내자 역할을 한다고 주장한다. 소크라테스는 다이몬을 어리석은 짓을 하려 하면 경고하는 신성한 존재라고 보았다.

위험한 무지

블레이크는 자신의 천재성을 피하면 삶의 목적을 달성할 수 없을 거라고 생각했다. 요루바 부족은 당신의 'ase'가 내재하는 힘이며, 그 힘에 의해 당신의 현재 모습 그대로 존재할 수 있다고 믿는다. 유대인들은 당신의 특별한 보물을 찾는 것이 당신의 의무라고 가르친다. 다가라 부족은 누군가 천재성에 대해 지원받지 못하면 그 천재성뿐만 아니라 당사자까지도 죽게 된다고 믿는다. 언어학자이자 철학자이자 미술사가인 아난다 쿠마라스와미는 이렇게 말한다. "어떤 인간도…… 천재가 될 수 없다. 다만 모든 인간은 자신의 책임에 따라 활용하거나 거역할 수 있는 천재성을 가지고 있다."[18] 자신의 천재성을 '더 깊은 관계 찾기'라고 부른 알베르토는 "살아가면서 뭔가가 빠진 것 같다고 느낄 때마다, 그 빠진 것은 바로 내 천재성이다"라고 말했다.

우리가 감히 천재성을 무시할 수 있을까? 천재성은 신성한 욕망이다. 한 친구가 내게 책을 쓰고 싶다고 말했다. 그 친구 얘기를 그대로 옮기면 이렇다. "꼭 써야만 해. 이 책이 내 안에 들어 있는데, 내가 그것을 끄집어내지 않으면 나를 파괴할 것 같아." 그 친구는 확신에 차서 열정적으로 말했다. 아니 거의 필사적인 말투였다. 당신의 천재성은 내 친구의 책과 같다. 세상에 이바지하기 위해 밖

★ ★ ★ ★ ★ ★ ★ ★ ★
적용하기 04 〉〉〉
천재성이라는 용어를 이해했는지 알아보기.
◐ p.233

으로 나오기를, 공개되기를 바란다. 이 세상을 위해, 그리고 당신을 위해 반드시 그렇게 되어야 한다.

힐먼이 이를 가장 멋지게 표현했다. "다이몬을 깔보지 마라."[19]

당신의 천재성은 신성의 반짝임이며, 당신 자신을 가장 잘 표현할 수 있는 본질이며, 당신을 안내하고 보호하기 위해 특별히 선택된 것이다. 당신이 맡은 선물이며, 다른 사람들에게 선사할 당신의 선물이다. 그것은 오로지 당신을 섬긴다. 또한 이 지구상 어디에도 똑같은 것이 없다. 그러니 당신이 그것을 책임져야 한다. 그것은 당신이 하는 모든 일에서 드러나며, 언제든 밖으로 나오려고 기다린다. 당신은 당신의 성향과 상상과 꿈속에서 그 존재에 늘 귀기울이고 주목해야 한다.

당신의 천재성이 당신의 목적은 아니다. 당신의 목적을 달성하도록 기여하는 것이다. 당신의 천재성이 당신의 소명은 아니다. 당신의 소명을 달성하도록 주어진 능력이다. 당신의 천재성이 당신의 영혼은 아니다. 당신의 영혼을 위한 에너지이다. 당신의 천재성은 미래 어디에 있는 것이 아니다. 바로 지금 이 순간 존재한다. 언제나 당신과 함께했으며, 앞으로도 항상 당신과 함께할 것이다. 변하지도 않을 것이다. 다만 당신이 점점 더 알아 갈 것이다.

천재성의 존재 이유는 다른 사람들에게 봉사하기 위한 것이다. 이를 위해서, 방향이 필요할 때 당신에게 방향을 알려 주고, 그 방향이 잘못되었을 때 당신에게 경고한다. 당신은 그것을 인식하고 개발하고 소중히 여겨 주는 사람을 찾아야 한다.

혹시 받아들이기 힘들다 해도, 당신의 타고난 능력이다. 당신이 하찮다고 무시하거나 쫓아 버리지만 않는다면, 언제 어디서든 자연스럽게 나온다.

Chapter 5

자신의 천재성을경험하라

개성을 표현하는 것은 세상에 대한 당신의 선물이다.
– 로렌스 볼트

★ ★ ★ 이 장에서는 천재성에 맞는 이름을 찾아봄으로써 다시 천재성을 인식해 보자.

"당신이 하는 것을 주목하지 않을 때 당신이 하는 것을 주목하라"고 한 말을 기억하는가? 이것은 부지불식간에 하는 일을 주목하라는 의미이다. 이것은 당신이 현재 경험하는 일을 조사하는 방법이다. 마찬가지로 과거 특정 경험을 통해서도 당신의 천재성을 발견해 낼 수 있다.

★ 당신에 대한 악평을 따져 보라. 다른 사람들이 당신의 천재성을 불편하거나 성가시다고 여기면, 당신에게 흔히 '약속을 지키지 못하는', '변덕스러운', '잘난 체하는', '쌀쌀맞은' 등의 부정적인 꼬리표가 붙는다. 이러한 꼬리표는 당신

에 대한 악평이지만, 의외로 당신의 천재성을 찾을 단서가
되기도 한다.

★ 좌절의 원인을 추적하라. 흔히 당신이 계획했던 일이 무산되
거나 막연히 꿈꿔 왔던 목표를 이루지 못하면, 당신의 천재
성도 좌절하고 실의에 빠지게 된다. 그러한 좌절의 원인을
끝까지 추적해 보면 당신의 천재성을 찾아낼지도 모른다.

★ 우쭐한 순간을 조사하라. 의기양양하고 기분이 우쭐한 것은
천재성의 목적을 달성했다는 신호이다.

★ 당신이 제공하는 것을 관찰하라. 당신의 천재성은 당신에게
맡겨진 선물이며, 동시에 당신이 다른 사람들에게 주는 선
물이다. 당신이 다른 사람들에게 제공하는 것에서 당신의
천재성에 대한 단서를 찾을 수 있다.

★ 관심사를 조사하라. 다른 사람들이 참여하든 안 하든, 그냥
재미 삼아 하는 활동이 흔히 당신의 천재성에 대한 아주 중
요한 단서가 된다.

★ 성공을 연구하라. 성공은 주로 당신에게 자연스럽게 나오는
것을 했을 때 얻을 수 있는 결과이다.

★ 끌리는 이미지를 조사하라. 당신이 끌리는 그림, 사진, 조각
등 현실 세계를 표현한 것들은 당신의 천재성을 반영할 수
도 있다.

물론 이 목록이 완벽한 것은 아니다. 당신의 천재성을 다른 곳에서도 얼마든지 찾을 수 있다. 그렇지만 이것이 당신의 천재성을 찾을 수 있는 광장을 기술한 것임에는 틀림없다.

아래 도식은 당신의 천재성을 인식하기 위한 기본 과정, 경험의 광장, 정보를 처리하기 위한 접근 방식 간의 관계를 보여 준다. 그 과정과 접근 방식은 3장에서 이미 소개했다. 당신은 이 책을 읽고, 제시된 적용하기를 보고, 당신 자신에 관한 정보를 끌어 모음으로써 경험의 광장에 들어갈 것이다. 그런 다음, 어떤 식으로든 일치하는 것 같은 여러 정보들을 연상할 것이다. 이것은 자연스럽게 이루어져야 하며, 또한 적용하기를 적용하는 동안에도 연상하기를 멈추지 말아야 한다. 마지막으로, 당신의 천재성을 찾기 위해 정보의 이면을 살펴볼 것이다.

당신의 천재성을 인식할 수 있는 과거 경험의 광장은 여러 가지 테스트를 거쳤다. 이 목록에 나오는 광장이 모든 사람들에게 똑같이 유용하지는 않겠지만, 어떤 사람들에게는 항상 유용하다는 것이 충분히 입증됐다. 어떤 광장이 당신에게 도움이 되지 않으면 다른 광장으로 넘어가라. 또한 광장 하나가 당신의 천재성을 인식하는 데 필요한 모든 정보를 제공할 거라고 기대하지 마라. 그 과정은 대개 여러 광장에서 많은 정보를 수집해야 하며, 최소한의 필요 정보에 도달한 후에야 당신의 천재성에 맞는 이름이 떠오른다. 예를 들어 준은 그녀가 현재 하는 일, 즉 메모하고 전화번호 목록

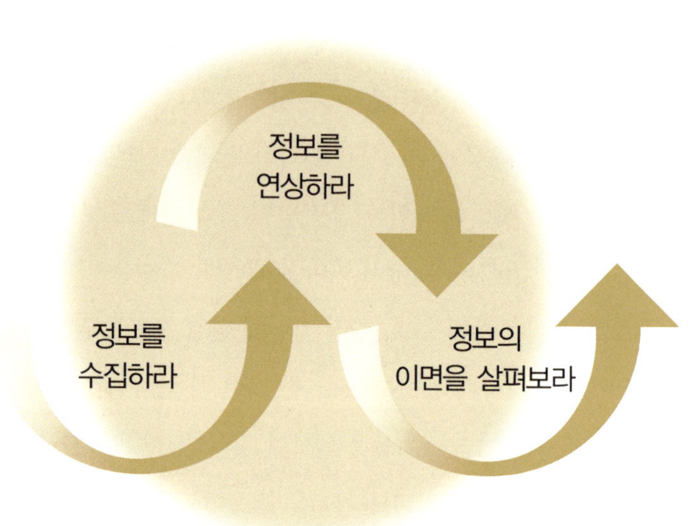

원은 당신의 천재성을 인식하기 위해 당신의 천재성에 대한 단서를 담은 과거 경험의 광장을 나타낸다. 다음과 같은 표면 정보의 이면을 바라볼 세 가지 광장이 있다. 접근 방식은 다음과 같다.

- 당신에 대한 악평 따져 보기
- 양파 껍질 벗기기
- 좌절의 원인 추적하기
- 공통분모 찾기
- 우쭐한 순간 조사하기
- 취지의 공통 요소 발견하기
- 당신이 제공하는 것 관찰하기
- 주의 깊게 관심사 살피기
- 성공 연구하기
- 끌리는 이미지 조사하기
- 직관 신뢰하기

을 작성하는 일을 주목함으로써 천재성을 인식하기 시작했다. 그런 다음, 그 행동을 바느질과 정원 손질이라는 관심사로 연결했다. 마지막으로 그 모든 정보를 새로운 일에 대해 흔히 느꼈던 우쭐한 기분과 관련지어 생각했다.

다음의 이야기는 경험의 광장을 탐색한 좋은 사례이다.

과거 경험의 광장

닐은 아주 어렸을 때, 부엌 서랍을 열고서 냄비와 팬을 꺼내 바닥에 늘어놓고 주방 용구를 유심히 관찰하는 걸 좋아했다. 서랍을 다 비운 다음에는 그 속으로 기어들어 가 안에 뭐가 더 들어 있는지 찾곤 했다. 닐은 또한 상자를 열어서 안에 든 것을 모두 끄집어내거나, 엄마가 쇼핑해 온 물건을 뒤지는 것도 좋아했다. 닐의 부모는 그 모습을 보고, '왕성한 호기심'을 가졌다며 기특해했다. 닐이 탐색하는 것을 보고 기뻐했으며, 친구와 친척들에게 "저 애는 뭐든 허투루 보는 게 없어요"라고 자랑스럽게 말했다.

닐의 호기심은 크면서도 전혀 수그러들지 않았다. 초등학교를 졸업하고 중·고등학생이 되어서도 늘 새로운 일거리를 탐색했다. 그림 그리기, 천문학, NASCAR_{미국 개조 자동차 경기 연맹}, 야구, 정치학, 한방 치료제 등 그의 관심사는 끝이 없었다. 닐의 부모는 닐이 추구하는 모든 일을 적극 밀어 주었다. 닐이 밤하늘에 흥미를 느끼고 망원경을 사달라고 하면 얼른 대령했다. 닐이 정치에 관심을 보이고 학생회 임원에 출마했을 때 역시 집에서도 적극적으로 지원해 주었다.

그런데 닐이 고등학교 졸업반이 되자 모든 것이 변했다. 참, 닐 자신은 변하지 않았으니 모든 것이 변했다고 말할 수는 없겠다. 닐은 대학에 들어갈 계획이었고, 사람들은 닐의 미래가 무척 밝다고 생각했다. 닐의 아버지는 변호사였지만, 부모 중 누구도 닐에게 특정 직업을 선택하라고 강요하지 않았다. 다만 자기 미래는 스스로 결정하라고 했다. 무엇을 전공할 것인가? 그 전공을 공부하기에 가장 좋은 대학은 어디인가? 그렇지만 닐은 결정을 내리지 않았다. 입수할 수 있는 모든 대학의 카탈로그를 읽어 보고 조금이라도 흥미를 느끼는 대학은 직접 가보고 싶어 했다. 닐은 대학이나 부모님이 어떤 학문을 전공할지 결정하라고 압박하는 이유를 이해하지 못했다. 그냥 아무 대학이나 가서 아무 교실에나 앉아 무엇이 진행되는지 보면서 흥미 있는 것을 찾으면 안 되는 걸까?

졸업반 시절, 대학을 결정하는 닐의 방식은 부모와 학교 상담 교사를 점점 더 화나게 했다. '왕성한 호기심'을 가졌다고 여겨지던 어린아이에서, 이제는 "뚜렷한 목표가 없고, 자기 생각을 밝히지도 못하고, 산만하고, 정리정돈을 못하는" 10대가 되었다. 그 결과, 닐은 주변 어른들의 반응에 좌절하고 화가 났다. 뭔지 정확히 꼬집어 말할 수는 없지만 어른들이 자기를 배신했다고 느꼈다.

닐은 고등학교를 졸업하고 곧바로 대학에 들어가지는 않았다.

집에 머물면서 온갖 일을 해보고, 이런저런 공부를 했다. 미술 학교에서 그림 그리는 것을 배우고, 지역 전문대학에서 비즈니스 코스를 수강했다. 스물한 살이 돼서, 닐은 나고 자랐던 동네를 떠나 가장 가까운 도시인 시카고로 옮겨 갔다.

25년이 흐른 뒤, 닐은 천재성을 인식하도록 이끌어 주는 워크숍에 참석하였다. 닐 외에도 열네 명이 주말에 열리는 이 워크숍에 참여했다. 닐은 호화로운 여행을 계획하고 신나는 모험을 소개하는 여행 사업을 성공적으로 운영하는 CEO가 되어 있었다. 왕성한 호기심을 가졌던 아이에서 아무런 목표도 없이 잡스럽기만 한 호기심을 가진 10대를 거쳐, 이제는 사업을 성공으로 이끄는 호기심을 가진 어른으로 성장했다. 시카고에서 지내는 동안 경영학 학위를 받았고 두 개의 사업체를 운영하다가 매각했다. 그리고 남아메리카, 아시아, 유럽 등지를 두루 여행했다. 여행 관련 기사를 여러 곳에 기고했고 관련 책자도 발간했다.

당신에 대한 악평을 따져 보기

닐의 이야기는 당신에 대한 악평을 따져 보는 것이 어떻게 천재성에 대한 단서를 제공할 수 있는지 보여 준다. 강점이 다른 사람들을 불편하게 하거나 성가시게 하면 오히려 약점으로 비칠 수 있다. 예를 들어 외향적인 사람들은 함께 있는 사람들이 누구든 간에 분위기를 주도하려 한다고 여겨질 수 있다. 계획을 짜는 데 능숙한 사람들은 계획보다 더 많이 움직이려는 사람들의 진행을 방해한다고 여겨질 수 있다. 따라서 다른 사람들이 약점이라고 생각하는 특징이 오히려 당신의 천재성에 대한 단서가 될 수 있다.

소위 약점이라고 하는 것에 대한 언급은 보통 부정적인 말로 표현된다. 닐이 고교 졸업반 시절 들었던 말을 생각해 보면 금세 알 수 있다. 내가 말하는 '악평'은 그러한 부정적인 꼬리표를 유발하는 행동과 태도에서 비롯된다. 만일 우리가 다른 사람들을 성가시게 하고 불편하게 하면, 그들은 우리에게 부정적인 꼬리표를 붙인다. 그런 부정적 꼬리표를 야기한 닐의 행동이 어렸을 때는 '왕성한 호기심'으로 비쳤었고, 고교 졸업반이 될 때까지는 주변 사람들에게 칭찬받고 즐거움을 안겼던 기질이었다. 그 기질은 누구도 막을 수 없었다.

다른 사람들이 당신에게 붙인 부정적인 꼬리표가 천재성에 대한 강력한 단서가 되려면 다음 질문에 답할 수 있어야 한다. "주위 사람들을 성가시게 한 꼬리표가 내게는 어떠한가?" 탐구해 볼 가치가 있는 부정적인 꼬리표는 당신에게 끈질기게 붙어 있으면서 계속해서 상처를 주는 것들이다. 그런 꼬리표는 마음에 상처를 주기 때문에 머릿속에서 떠나지 않는다.

워크숍 동안, 닐은 고교 졸업반 시절에 붙여졌던 부정적 꼬리표에 대해 이야기했다. 그의 천재성에 중요한 단서 같았지만, 적당한 이름이 떠오르지는 않았다. 그러던 차에 다른 악평을 떠올리면서 그 이름을 포착할 수 있게 되었다. 가족들이 휴가를 떠났을 적에 닐과 남동생을 비디오로 찍어 둔 것을 보면서 얻은 꼬리표를 통해서다. 가족들이 가장 좋아하는 비디오 중 하나인데, 인적이 드문 해변에서 여덟 살 먹은 닐이 여섯 살 먹은 남동생 옆에 서서는 열심히 몸짓을 하면서 카메라에 잡히지 않는 곳을 가리킨다. 이 비디오를 볼 때마다, 닐의 부모 중 한 사람은 "닐은 정말 제 맘대로라니까"라고 말했다.

닐은 이러한 부정적 꼬리표에 대해 워크숍에 참여한 사람들에게 설명했다. "내 맘대로 이래라저래라 지시하려고 동생에게 손짓한 게 아니었어요. 그냥 해변의 다른 곳을 탐색하러 가자고 권한 것뿐이었죠. 동생도 나처럼 신나게 해변을 탐색하기를 바랐으니까요."

이 말은 닐이 자신의 천재성을 인식하도록 이끌어 준 키워드가 되었다. 닐은 그것을 '경로 탐색하기'라고 이름 붙였다. 그는 어려서부터 닫힌 서랍과 상자와 식료품 가방을 일종의 경로라고 생각했다. 좀더 커서는 음악과 천문학, NASCAR, 야구, 정치, 한방 치료 등이 탐색 경로가 되었다. 그다음에는 시카고라는 대도시가 탐색 대상이었고, 이후에는 운영하다 넘겼던 두 가지 사업체가 탐색 경로가 되었다. 닐은 현재 여행 상품을 계획하고 모험을 소개하는 여행사를 운영한다. 지금 하는 사업이 닐에게는 안성맞춤인 것 같다. 전 세계를 돌아다니며 새로운 경로를 늘 탐색할 수 있으

★ ★ ★ ★ ★ ★ ★ ★ ★
적용하기 05 〉〉〉
천재성에 대한 단서로서 당신에 대한 악평을 따져 보기.
⊙ p.235

니 말이다.

닐의 이야기는 좌절을 추적하는 것이 어떻게 천재성의 단서를 제공하는지 잘 보여 준다. 고교 졸업반 시절, 부모와 상담 교사와의 경험은 그를 좌절하게 했다. 닐도 그들에게 똑같이 실망감을 안겼다. 그는 경로를 탐색할 모든 기회를 원했지만, 그들은 하나의 코스를 선택하여 결정을 내려 주기를 원했다.

당신의 의식적 계획이나 무의식적 목표가 방해받을 때 좌절이 찾아온다. 그러면 당황하고, 어쩌면 무능하다는 생각이 들기도 한다. 하는 일이 잘 돌아가지 않을 때도 좌절이 찾아온다. 스트레스 연구로 유명한 한스 셀리는 이렇게 말한다.

어떤 일을 하고 싶다는 자연스러운 충동과 욕구를 막으면, 어떤 활동을 억지로 하도록 강요받는 것만큼이나 고통스럽다. 이를 무시하면 좌절하고, 피곤에 지치며, 완전히 피폐해진다. 심해지면 정신이나 육체가 쇠약해질 수 있다.

좌절을 겪더라도 좀더 일찍, 그러니까 지치고 피폐해지고 쇠약해지기 전에 알아차리면, 그 좌절의 원인을 끝까지 추적함으로써 천재성에 대한 귀중한 단서를 얻을 수 있다고 셀리는 말한다.

당신이 좌절감을 느낄 때 이렇게 물어보라. "내 안의 어떤 것 때문에 좌절한 것일까?" 이것은 다른 방식으로 좌절에 접근하는 것이다. 우리는 좌절하면 흔히 외부 요인을 탓한다. 그 남자가, 그 여자가, 혹은 그 문제가 나를 좌절시켰다고 주장한다. 그렇지만 스스로에게 이렇게 질문하면, 당신의 천재성을 당신 안에서 찾을 수 있다. 닐의 좌절을 바라보면서 우리는 일반적으로 그에게 결정을 내리라고 압박하는 주변 사람들의 기대 때문에 닐이 좌절했다고 결론을 내리게 된다. 그렇지만 "내 안의 어떤 것이 좌절한 것일까?"라고 질문함으로써, 닐은 '경로 탐색하기'라는 천재성을 찾을 수 있었다.

조이스의 결혼 생활도 좌절이 천재성의 단서가 될 수 있다는 것을 잘 보여 준다. 또한 당신의 천재성이 사회생활뿐 아니라 삶의 다른 측면에서도 활발히 발휘되고 있음을 잘 보여 준다.

조이스는 남편과 20년 동안 결혼 생활을 유지해 왔다. 조이스의 천재성은 '더 깊이 파헤치기'이다. 조이스의 말을 직접 빌리면, "나는 뭔가를 시작하면, 그것에 푹 빠져 버립니다. 그것과 관련된 모든 것을 파고들죠. 큰 그림, 전체적인 의미, 세부 사항, 그날그날 벌어지는 일 등 모든 것을 알고 싶어요. 그것이 무엇이든 끊임없이 생각합니다. 그것을 내내 이야기하고 싶어 하고, 일어나는 일의 더 깊은 의미를 찾으려고 합니다. 완전히 빠져 들죠. 그것이 무엇이든 제게는 종교와 같이 됩니다."

조이스는 몇 년째 결혼 생활에서 겪는 문제를 더 깊이 파헤치려고 시도했지만, 매번 좌절할 수밖에 없었다. 조이스는 부부끼리 조용한 곳에서 이야기하며 주말을 보내고 싶었지만, 남편은 멋진 골프 코스가 있는 휴양지에서 활기차게 보내고 싶어 했다. 남편의 태도는 늘 이런 식이었다. "나는 문제를 따지고 드는 것보다는 인생을 즐기며 살고 싶어."

조이스의 좌절을 일반적인 방식으로 바라본다면, 남편이 좌절의 원인일 것이다. 그렇지만 조이스는 자신이 어떤 점에 좌절하는지 스스로에게 질문했다. 조이스는 이렇게 말했다. "나는 결혼 생활을 더 깊이 파헤치고 싶지만 남편은 그렇지 않다는 게 문제였습니다."

결국 조이스는 아파트를 빌려서 6개월 동안 남편과 따로 지냈다. 자신에 대해 더 알아보기 위해서 그렇게 하는 것이 최선이라는 생각이 들어서였다.

조이스는 6개월간의 별거를 끝내고 나서 결혼 생활을 유지하기로 결정했다.

"먼저 나 자신에 대해 더 깊이 파헤치는 데 초점을 맞춰 보니, 내가 결혼 생활에서 겪고 있는 문제가 사라졌어요. 항상 더 깊이 파헤치는 사람으로서 내 자신을 유지하고, 남편은 남편대로 인정해 줄 수 있게 된 거죠."

그렇지만 좌절이 늘 천재성의 단서를 제공하는 것은 아니다.

★ ★ ★ ★ ★ ★ ★ ★ ★
적용하기 06 〉〉〉
천재성에 대한 단서로서 좌절을 추적하기.

▶ p.236

예를 들어 새로운 기술을 배울 때도 좌절할 수 있다. 그때 겪는 좌절은 천재성에 대한 단서를 제공할 수도, 안 할 수도 있다.

우쭐한 순간 조사하기

의기양양하고 우쭐해지는 순간이 천재성에 대한 단서를 담고 있을 수 있다. 복권에 당첨되는 것 같은 우연한 사건과 관련된 의기양양함이 아니라, "해냈어!"라고 소리치는 순간의 우쭐한 기분을 말하는 것이다. 기분이 우쭐해지고 의기양양해지는 것은 좌절과는 정반대 상태이다. 우리는 목표를 달성하고 성공했을 때, 천재성의 취지를 실현했을 때, 기분이 우쭐해진다.

이렇듯 우쭐한 순간에 당신의 천재성을 인식하기 위해서 스스로에게 이렇게 물어보라. "내 안의 어떤 것이 충족된 것일까?"

당신이 제공하는 것 관찰하기

닐은 남동생에게 해변을 탐색하자고 권유한 것에서 천재성을 인식했다. 닐은 자신의 천재성을 동생에게 권유했다. 닐은 사업체 경영자로서, 지금은 그 천재성을 고객에게 권유한다. 조이스는 관계에 대한 책자와 커플이 편하게 쉴 수 있는 곳을 광고하는 팸플릿 등을 집 안 곳곳에 남겨 두고 나왔다. 그러면서 남편이 결혼 생활에 대해 더 깊이 생각해 보기를 은근히 바랐다.

기독교와 유대교의 사상에서, 중국과 서아프리카의 신앙에서,

★ ★ ★ ★ ★ ★ ★ ★ ★
적용하기 07 〉〉〉
천재성에 대한 단서로서 우쭐한 순간을 조사하기.
◐ p.237

고대 그리스와 로마의 믿음에서, 그리고 천재성 개념이 있는 곳은 어디에서나 "천재성은 남들에게 제공할 수 있도록 스스로에게 맡겨진 선물"이라는 의미가 있다.

당신이 제공하는 것을 관찰하기 위하여, 스스로에게 다음과 같은 질문을 해보라. "내가 다른 사람들에게 항상 주려고 하는 것이 무엇인가?", "다른 사람들이 내게 도움을 구할 때 그들은 무엇을 바라는가?" 용기를 좀 내보고 싶다면, 그리고 상대방이 당신이 알고자 하는 것이 무엇인지 이해할 수 있는 사람이라면, 그들에게 "내게 무엇을 얻으려고 왔는가?"라고 물어보라. 이러한 질문은 구체적인 수준보다는 다소 추상적인 수준에서 묻고 답해야 한다. 예를 들어 조이스는 10대 아들에게 무엇을 원해서 자기에게 오느냐고 물었다. 아들은 혹시나 엄마가 자기를 시험하는 건가 싶어 잠시 당황하더니 우물쭈물 대답했다. "돈?" 이런 종류의 질문으로는 당신의 천재성을 파악하는 데 도움이 될 것 같지 않다.

주의 깊게 관심사 살피기

커다란 물고기를 낚아 올리는 것도 좋지만, 낚시터에서 즐거운 시간을 보내기만 한다면 빈 통발을 들고 집으로 향해도 나쁘진 않다. 즐거운 시간을 보냈다는 말은 내가 진짜로 재미있어하는 활동을 적극적으로 했다는 것을 의미한다. 나는 특정한 날에 특정한

★ ★ ★ ★ ★ ★ ★ ★ ★
적용하기 08 〉〉〉
천재성에 대한 단서로 당신이 제공하는 것을 관찰하기.
◐ p.238

강의 특정한 코스에서 송어 낚는 일에 관한 명확성을 창조하는 것을 즐긴다. 나한테는 그 명확성을 창조하는 것이 송어를 낚아 올리는 것보다 더 중요하다. 내 취지는 물고기를 낚는 것보다는 오히려 물고기 낚는 것에 관한 명확성을 창조하는 일이다. 그러는 가운데 내 천재성을 발휘할 수 있으니까.

당신의 천재성은 당신 자신을 위해서만 하는 활동 속에서도 존재한다. 당신의 의향을 조사함으로써 그러한 활동 속에서 천재성에 대한 단서를 찾을 수 있다. 당신의 의향은 마음이 향하는 바를 나타내며, 천재성에 발동이 걸렸을 때 당신의 천재성이 기여하려는 것을 가리킨다.

천재성을 인식하는 데릭의 이야기는, 천재성이 당신의 관심사 속에서 어떻게 저절로 드러나는지 그리고 그런 관심사 속에 취지의 공통 요소를 찾은 후 천재성을 어떻게 파악할 수 있는지 잘 보여 준다. 목사인 데릭이 신도들에게 천재성에 관해 이야기해 달라고 나를 초청했다. 우리는 신도들 앞에서 실제로 그의 천재성에 맞는 이름을 찾는 이벤트를 갖기로 합의했다.

우리가 데릭의 신도들 앞에 섰을 때, 나는 데릭에게 즐겨 하는 활동과 자연스럽게 나오는 행동, 성공한 기분을 들게 하는 활동에 대해 말해 달라고 부탁했다. 천재성은 이 세 가지 기준을 충족시키는 활동 속에서 아주 활발하게 발휘될 가능성이 높기 때문이다. 데릭은 한 번에 한 사람씩 신도가 늘어나는 것을 경험하는 즐거움에

★ ★ ★ ★ ★ ★ ★ ★ ★ ★

내 천재성은

이다.

대해 말했다. 그는 목회를 아주 잘해서 신도가 아주 많았다. 다른 두 가지 관심사에 대해서도 말했다. 하나는 새로운 아이디어를 발견하는 것이고, 다른 하나는 우표를 수집하는 것이었다.

데릭은 신도 수를 늘리는 이야기를 할 때 계속해서 손과 팔을 움직였다. 마치 나무줄기의 둘레를 재려는 것처럼 팔을 껴안듯 벌렸다. 이러한 몸짓은 흔히 천재성에 대한 단서를 제공한다. 마치 천재성이 몸을 통해 스스로 표현하는 것처럼 말이다. 나는 데릭에게 그 동작을 말로써 나타낼 수 있을 때까지 계속 취해 보라고 부탁했다.

팔을 벌리는 동작을 반복하던 데릭이 말했다. "모으기! 나는 뭔가를 모으고 있어요. 이 경우에는 사람을 모으는 것이죠."

나는 데릭이 언급했던 다른 활동을 가리키면서 물었다.

"그리고 당신은 아이디어와 우표도 모읍니까? 당신의 천재성은 모으는 것과 관련된 것입니까?"

"아, 예. 물론입니다."

데릭이 기쁨에 들떠서 말했다. 내가 다시 물었다.

"당신이 모으는 사람들과 아이디어와 우표에서 취지의 공통 요소가 무엇입니까? 그러한 것들의 공통점이 무엇입니까?"

데릭은 1900년대 초 미국의 기념우표들을 수집한다고 말했다. 그의 말에 따르면, "나는 늘 그 시대 역사에 매료되었습니다. 나는 우표가 그 당시의 시대정신을 어떻게 포착하는지 알고 싶습니다." 나는 그의 다른 관심사, 즉 가장 즐겁게 탐색하는 아이디어에 대해 물었다. 그는 정신적인 세계를 지향하는 책을 읽으면서 마음을 울리는 아이디어를 찾는다고 대답했다.

아직까지 취지의 공통 요소를 파악하지 못했지만 점점 더 근접해 갔다. 그는 종교적인 목적으로 사람들을 모았다. 그는 정신적인 아이디어를 모았다. 그는 1900년대 초반의 시대정신을 드러내는 우표를 모았다.

나는 그것을 꼬집어서 물었다. "당신의 천재성이 혹시 '정신 모으기'입니까?"

데릭의 얼굴이 흥분과 놀라움으로 반짝였다. 사람들이 흔히 자신의 천재성을 인식하는 순간 보이는 그런 행복감이었다. 그는 감탄하면서 그 말을 천천히 반복했다. "정신 모으기. 그래요. 맞아요. 내 천재성은 '정신 모으기'입니다."

데릭의 의식적인 취지는 신도를 모으고, 자신의 영성을 깊게 해주는 아이디어를 찾고, 시대사조를 드러내는 우표를 수집하는 것이었다. 그렇지만 이 모든 활동들에서 취지의 공통 요소는 모두 정신을 모으는 것이었다.

★ ★ ★ ★ ★ ★ ★ ★ ★
적용하기 09 〉〉〉
천재성에 대한 단서로서 관심사를 주의 깊게 살피기.
◐ p.240

성공 연구하기

당신의 천재성이 필요한 상황에서 그 천재성을 충분히 발휘할 때, 그리고 다른 사람들이 당신의 천재성을 높이 평가할 때, 당신은 성공했다고 생각한다. 즉 당신의 성공은, 격려해 주는 분위기와 당신을 진정으로 필요로 하는 곳에서 당신에게 자연스럽게 분출되는 것을 행한 결과이다.

데릭과 닐은 일에서 천재성을 발휘할 수 있으며, 그들이 일에서 발휘하는 것을 높게 쳐주는 사람들에게 둘러싸여 있다. 데릭은 신도들에게 사랑받고 있고, 닐의 사업은 나날이 번창하고 있다.

"가장 성공적인 상황에서 내가 발휘한 것은 무엇인가?"라고 자신에게 물어봄으로써 천재성에 대한 단서를 찾을 수 있다. 이때에도 성공한 상황들의 공통분모를 찾아보라.

★ ★ ★ ★ ★ ★ ★ ★ ★
적용하기 10 〉〉〉
천재성에 대한 단서로서 성공을 연구하기.
● p.241

끌리는 이미지 조사하기

닐은 지도를 좋아한다. 지도는 경로를 보여 준다. 조이스는 아메리카 원주민 유적지에서 발굴된 도기의 복제품을 가지고 있다. 도기는 발굴의 결과물이다. 내가 가장 좋아하는 조각은 로댕의 '생각하는 사람'이다. 이 '생각하는 사람'은 지옥문 앞에 앉아 서사시를 생각하는 단테를 상상한 데서 영감을 얻은 것이라 한다. 내 경우, 그 조각상은 명확성을 창조하는 사람을 상징한다.

끌리는 이미지는 천재성에 이르는 강력한 통로이다. 이는 천재성이 말과 생각으로 처리하는 정신보다는 이미지로 처리하는 영혼에 더 가까이 있기 때문이다.

당신에게 끌리는 이미지를 한번 메모해 보라. 특히 사진, 그

★ ★ ★ ★ ★ ★ ★ ★ ★
적용하기 11 〉〉〉
천재성에 대한 단서로서 끌리는 이미지를 조사하기.
● p.245

림, 데생, 조각 등에 등장하는 사람들의 이미지를 주목하라. 그들은 무엇을 하고 있는가? 그들은 그 행동을 통해서 무엇을 얻는다고 생각하는가? 그들은 다른 사람들이 인정할 만한 무슨 일을 하고 있는가? 어떤 점에서 자신을 그들과 동일시하는가? 이러한 질문에 대한 대답 속에 당신의 천재성에 대한 단서가 들어 있을지 모른다.

직관 신뢰하기

닐, 조이스, 데릭은 다양한 방법으로 각자의 천재성을 인식하게 되었다. 닐은 '뚜렷한 목표가 없는', '잘난 체하는' 같은 악평을 잘 따졌고, 조이스는 좌절의 원인을 끝까지 파헤쳤으며, 데릭은 즐겨 하는 활동들 가운데 취지의 공통 요소를 찾음으로써 천재성을 파악하였다. 그렇지만 당신의 천재성을 인식하는 방법은 이 세 사람의 사례처럼 직접적이고 분명하지 않을 수 있다. 현재 경험의 광장과 한 가지 이상의 과거 경험의 광장을 조사한 뒤에도 천재성을 인식하지 못하고 헤맬 수 있다.

직관을 믿는 것도 당신의 천재성에 이름 붙이는 중요한 방법이다. 왜냐고?

나는 워드프로세서 앞에 앉아서 무엇을 쓰고 싶은지, 무슨 말을 쓸지 고민한다. 잠시 가만히 있는데 전혀 상관없는 생각이 불쑥 떠오른다. 그런 생각을 처리하는 첫 번째 방식은 떨쳐 버리는 것이다. 두 번째 방식은 "그 생각이 글쓰기와 무슨 상관이 있을까?"라고 묻는 것이다. 그 생각이 때로는 "세탁물 찾아오는 걸 잊어버렸군"처럼 정말로 엉뚱한 것일 수 있지만, 때로는 글을 쓰기 위해 탐색해야 할 분야로 나를 이끌어 주기도 한다.

당신의 천재성에 맞는 이름을 찾을 때, 얼핏 보기에 전혀 상관없는 생각이라도 일단 신뢰하고 곰곰이 그 의미를 따져 보라. "이 생각이 내 천재성과 무슨 상관이 있을까?"라고 물어보라. 이러한 생각은 이름을 찾으려는 의식적인 노력을 잠시 중단했을 때 떠오를 가능성이 높다.

알베르토의 경험은 천재성의 이름을 떠올리려는 의식적인 노력을 잠시 벗어나는 것이 얼마나 생산적일 수 있는지 보여 주는 좋은 사례이다. 알베르토는 이렇게 말했다. "어느 날 저녁, 좌절했던 경험과 저에 대한 악평을 떠올리려고 했지만 도무지 집중할 수가 없었습니다. 다음 날 아침, 조깅을 하러 나갔죠. 가볍게 달리다 보면 머릿속에서 자연스럽게 생각이 떠오르고 온갖 상상을 하게 됩니다. 벌써 15년은 족히 됐지만, 불현듯 '더 깊은 관계 찾기'라는 이름이 떠오르던 순간을 아직도 생생하게 기억하고 있습니다. 그 말은 크리스털처럼 내 참모습을 그대로 반사해 줍니다."

지금까지 기술한 방법들이나 이 책 후반부 적용하기에 나와 있는 방법들이 항상 천재성을 인식하기 위한 확실한 경로가 되지는 않는다. 어쩌면 당신의 천재성을 인식하는 데 일말의 단서나 혹

★ ★ ★ ★ ★ ★ ★ ★ ★
적용하기 12 • 13
천재성을 인식하기 위한 전략이 담겨 있다.
○ pp.247, 249

은 모순된 제안을 제공할 수도 있다. 그렇다면, 한 단계 더 나아가
서 다양한 방법과 적용하기에서 수집한 정보들을 커다란 퍼즐 조
각이라고 생각해 보라. 그 퍼즐을 맞추는 방법이 다음 장에 나와
있다.

Chapter 6

당신의 직관을 믿으라

바르고 현명한 영혼은 가르침을 따르고 주변 사정을 이해한다.
– 플라톤

★★★천재성을 인식한 사람들은 대부분 그 순간을 아주 생생하게 기억한다. 천재성을 인식하고 그에 맞는 이름이 섬광처럼 번뜩 떠오르는 체험을 한다. 그리고 그 완벽함에 현혹되고, 그 정확함에 감탄한다.

티아의 인식 순간도 굉장히 극적이었다. 티아는 내 동료로서, 자신이 하는 것을 주목하지 않을 때 자신이 하는 것을 주목하는 연습을 꾸준히 해왔다. 티아는 좌절의 원인을 탐색했다. 그리고 자신을 잘 아는 여러 사람들과 이야기를 나눴다. 티아는 자신의 천재성을 '책임지기'라고 이름 지었고, 그 이름이 자신에게 맞는 것 같다고 내게 말했다. 티아는 기획하고 조직하는 능력이 탁월하다. 티아가 워크숍을 진행하면 무슨 일을 처리해야 하는지 금세 파악하고 바로 처리한다. 내가 "이 일을 금요일까지 처리해야 해요. 이 일을 좀 책임지고 처리해 줄 수 있어요?"라고 물을 때 티아가 그러겠다고 대답하면, 나는 그 일이 금요일까지 처리된다는 것을 확신할 수 있다.

그런데 '책임지기'가 티아에게는 천재성에 대한 이름으로 탐탁지 않은 구석이 있었다. 나한테 이렇게 말했다. "'책임지기'라는 이름이 괜찮은 것 같기는 해요. 하지만 별로 신나지 않아요. 내 참모습을 담고 있기는 하지만, 그것만으로는 부족해요. 뭔가가 빠진 것 같거든요. 거듭 생각해 봤지만 왜 그런지는 모르겠어요." 당신도 천재성에 맞는 이름을 떠올렸을 때 뭔가 찜찜하다면, 그러한 의심을 믿고 계속해서 더 적합한 이름을 찾아보라.

티아는 자신의 불만에 대해 나와 많은 이야기를 나눴다. 티아는 한 친구가 그녀에게 들려준 말을 듣고 놀랐다고 말했다. 그 친구는 그녀가 스스로를 돌보는 것에 감탄했다고 말했다고 한다.

"나는 이 말을 듣고 무척 놀랐어요. 한 번도 나 자신을 돌보는 것에 대해서 생각해 본 적이 없었거든요. 그런데 곰곰 생각해 보니까 그 말이 맞는 것 같아요. 나 자신을 끔찍이 챙기거든요. 너무 힘들까 봐 여행 가는 것도 자제했어요. 규칙적으로 운동을 하고요. 필요하든 안 하든, 매주 한 번씩 머리와 손톱을 정리하러 미용실에 들르죠. 빼먹지 않으려고 달력에 날짜를 표시해 둘 정도예요. 도움이 필요할 때면 언제든 그 도움을 받아요. 집에서 시간을 더 보내고 싶을 때는 사무실에 출근하지 않고 모든 것을 집에서 처리해요."

그래서 나는 "어쩌면 당신의 천재성은 '책임지기Taking Charge'가
아니라 '돌보기Taking Care' 아닐까요?"라고 물었다.

티아는 감정을 드러내 놓고 표현하는 사람이 아니지만, 그 순
간만큼은 달랐다. 감정에 복받쳐 울음을 터뜨렸다. 티아는 나중에
그 경험에 대해 털어놓았다.

"당신도 직감이라는 걸 알죠? '돌보기'라는 말을 듣는 순간,
내 안에서 뭔가가 꿈틀거렸어요. 본능적으로 느꼈어요. 감정의 분
출이라고 해야 할까요? '돌보기'가 딱 맞는 말이라고 느꼈어요. 나
자신을 그런 식으로 알고 나니까 안도감이 들었어요. 정말 놀라웠
어요. 그 순간 진정으로 나 자신을 파악했어요. 내 에너지와 파워
를 알아냈어요."

천재성을 이름 짓는 티아의 경험은 세 가지 면에서 교훈을 준
다. 첫째, '돌보기'라는 말을 듣는 순간 그녀의 반응은 인식의 순
간의 매우 극적인 예이다. 그것은 눈부신 섬광과도 같다. 그 순간
티아의 내부에서 일어난 일은 온갖 지식을 뛰어넘는 앎이었다. 그
녀의 모든 모습, 그러니까 그녀의 몸과 정신과 감정과 혼이 다 관
련되었다. 정확히 말해서, 그것은 펠트 센스였다.

나는 누군가가 진정으로 천재성을 발견했을 때 대개는 그것을
바로 알아차릴 수 있다. 사람들이 천재성을 발견하면 육체적으로
반응하기 때문이다. 물론 모두가 티아처럼 눈물을 글썽일 정도로
극적인 반응을 보이는 건 아니다. 그냥 싱긋 웃거나 미소를 짓는

다. "오, 이런! 바로 그거야!"라고 말하는 그런 미소를 말이다. 어떤 사람은 그것을 "띵!" 하는 울림 같다고 말한다.

사람에 따라 그 경험이 불안이나 두려움으로 다가올 수도 있다. 자신의 천재성을 '더 깊이 파헤치기'라고 말한 조이스는 이렇게 말했다.

"나는 천재성에 한 발짝씩 다가가면서 그것이 '더 깊이 파헤치기'가 아니길 바랐어요. 그때 기분에 대해 증명해 줄 친구도 있어요. 그 친구는 내가 굉장히 속상해하는 것 같다고 말했으니까요. 하지만 거부할 수 없는 거잖아요. '바로 이거야!'라는 느낌을 억누를 수가 없었어요. 어쩌면 내 안의 일부는 그것을 알고 싶지 않았거나 두려워했는지도 모르겠어요."

티아의 경험에서 두 번째로 중요한 측면은, '돌보기'라는 이름이 그녀가 처음으로 떠올렸던 이름이 아니라는 점이다. 그런 일은 흔히 일어난다. 앞에서 설명했다시피, 천재성에 맞는 이름을 찾는 과정은 양파 껍질을 하나씩 벗기는 것과 같다. 바깥층은 흔히 당신이 천재성을 드러내도록 개발한 기술이나 재능, 관심, 능력 등으로 이루어진다. 티아의 책임지고 처리하는 능력과 일사분란하게 조직하는 기술은, 천재성을 발휘하기 위해 사용되는 테크닉이다. 티아가 책임지고 처리하거나 조직할 때, 그 주된 취지는 돌보기이다.

나는 천재성에 맞는 이름을 찾을 때, '학습 경험 창조하기, 아이디어 짜 맞추기, 진실 추구하기' 등 여러 가지 가능한 이름을 떠올렸다. 그렇지만 어느 것에서도 펠트 센스를 경험할 수 없었다. 그렇다, 나는 이러한 일을 다 하지만, 오로지 '명확성 창조하기'를 위해서 그러한 일을 한다. 이러한 일들은 양파 겉껍질을 형성하는 기술과 재능, 관심과 능력이다. 내 취지의 공통 요소가 아니다.

당신이 선택한 이름의 정확성을 제대로 테스트하려면 그 정확함에 대한 펠트 센스를 맛보았느냐에 달려 있다. 선택한 이름이 맞을 때, 그것이 맞는다는 것을 바로 알아차릴 수 있다. 그렇지만 천재성에 맞는 이름을 찾기가 무척 어려울 수 있다. 가령 당신의 천재성이 '대안 생각하기' 혹은 '더 깊이 파헤치기' 같은 것이라면, 당신이 그럴듯한 이름을 찾았다 하더라도 또 다른 대안을 찾거나 양파 껍질을 더 벗기고 싶어질 것이다.

티아의 발견 순간에서 세 번째로 중요한 측면은, 그녀가 자신의 천재성에 대해 다른 사람들과 이야기를 나눴다는 점이다. 티아는 이름을 찾기 위해서 다른 사람들의 의견을 활용했다. 그녀가 자신을 끔찍이 돌보는 것을 보고 감탄했다고 말한 친구는 티아에게 놀라운 선물을 안겨 주었다. 그 선물은 천재성을 인식하는 데 빠뜨린 단서가 있다는 것이다. 티아는 내게 개운치 않은 느낌이 든다고 말했다. 이 말은 실제로 단서를 더 찾고, 취지의 공통 요소를 구하고, 자신의 천재성이 친구가 들려준 말속에 담겨 있음을 주목해야 한다는 필요성을 역설한 것이었다.

당신을 아는 사람들은 흔히 당신이 보지 못하는 측면을 볼 수 있다. 천재성의 경우에 특히 그렇다. 당신에게서 너무나 자연스럽게 나오기 때문에 그것을 당연시하고 주목하지 못한다. 조이스는 그 점에 대해 이렇게 말했다.

"그것은 내가 보지 못했던 나 자신의 일부였어요. 다른 사람들도 다 그렇게 하는 줄 알았기 때문에 전혀 의식하지 못했던 거죠."

덴 역시 다른 사람들을 통해서 중요한 단서를 얻었다. 덴은 천재성 인식하기를 비롯하여 여러 가지 목적을 달성하기 위해 열린 워크숍에 참석하였다. 참석자들은 워크숍이 진행되는 틈틈이 자유 시간을 보냈다. 사람들은 이 시간에 자신을 돌아보거나 일기를 쓰거나 레크리에이션을 즐겼다. 덴을 비롯한 몇 명은 근처 바닷가에 가서 요트를 빌려 타기로 했다. 선원처럼 능숙하게 요트를 조종할 줄 아는 덴이 다른 사람들에게 "어디로 모실까요?"라고 물었다. 사람들이 행선지를 말했고 그들은 출항했다. 덴은 그들이 선택한 목적지에 도달하는 방법을 알아내는 역할을 맡았다. 그날 저녁, 요트를 타고 항해를 했던 사람들이 식사하면서 그날의 모험을 신나게 이야기했다. 그중 한 사람이 덴에게 말했다.

"당신은 요트를 조종하는 것보다 항로를 정하는 데 더 관심이 많던걸요."

덴은 '항로 정하기'라는 말을 듣는 순간, 자신의 천재성을 찾았다는 것을 알았다. 덴은 이 발견의 순간이 강하게 파도치는 것처럼 큰 충격이었다고 설명했다. 그 즉시, 덴은 직장에서, 가족과의

삶에서, 그리고 자신의 커리어에서 어떻게 항로를 정해야 할지 깨
달았다.

일 성공시키기

때로는 천재성이 아주 천천히 그리고 순차적으로 드러나기도
한다. 수개월, 아니 수년이 걸리기도 한다. 몇 차례 인식의 순간을
맛보기도 하지만 섬광이 번뜩이는 것 같은 강렬한 느낌은 금방 찾
아오지 않는다. 대기업에서 트레이닝 매니저로 일하는 앨리샤가
그랬다. 5년째 천재성을 찾기 위해 양파 껍질을 벗겨 냈지만 도무
지 맘에 드는 이름이 떠오르지 않았다. 앨리샤는 자신의 천재성을
처음에는 '문 열어 주기'라고 이름 붙였다.

"'문 열어 주기'라는 이름은 내가 하는 일에서 나왔어요." 앨
리샤가 워크숍에서 입을 열었다.

"나는 누군가의 삶 속에서 뭔가를 바꿀 잠재력이 있다고 생
각될 때 그러한 아이디어나 활동을 알려 주고 싶어서 입이 근질거
려요. 그 사람이 이용할 수 있는 기회를 제공한다고 생각만 해도
전율이 느껴지거든요. 그렇다고 사람들이 내가 알려 준 대로 반드
시 실천하기를 바라는 건 아니에요. 그저 사람들이 자기 일을 새로
운 방식으로 바라보고 그 과정에서 성장할 수 있도록 문을 열어 주
고 싶을 뿐이죠. 다른 사람들이 키울 수 있는 씨앗을 뿌려 주는 것
이라고나 할까요."

그렇지만 앨리샤는 '문 열어 주기'라는 이름이 딱 맞지 않다는 생각에 마음이 개운치가 않았다. 뭔가 더 있는데 그것을 파악하지 못하는 것 같았다.

"'문 열어 주기'는 내가 하는 일과 그 일에 쏟는 열정을 충분히 설명하지 못해요. 나는 무엇을 해도 열심히 참여해요. 어디든 가입하면, 일반 멤버가 아니라 이사회 멤버나 회장 혹은 위원장으로 활약하죠. 일상생활에서도 마찬가지에요. 아이들이 유아원에 다닐 때도 일주일에 하루씩은 가서 자원 봉사를 했어요."

워크숍에 참석한 뒤 1년쯤 지나서, 앨리샤는 자신의 천재성을 '완전히 몰두하기'라고 바꿨다. 앨리샤는 동료들이 새로운 프로젝트에 자기만큼 열정을 가져 주길 바랐지만 자기만큼 신나하지 않는 것에 주목했다. 동료들을 끌어들이지 못하는 자신에게 실망하면서 '문 열어 주기'가 자신의 천재성에 딱 맞는 이름이 아니라는 단서를 얻었다. 앨리샤는 양파 껍질을 더 벗겨야 했다.

앨리샤가 말했다.

"'완전히 몰두하기'라는 이름이 내가 동료들을 설득하고 격려하지 못했을 때 느끼는 고통을 더 잘 설명하는 것 같았어요. '문 열어 주기'는 내가 느끼는 좌절을 설명하지 못했고 그저 공허한 느낌만 안겨 주었죠."

그후 4년 동안 앨리샤는 줄곧 '완전히 몰두하기'라는 이름을 사용했다.

"아직도 그 이름은 저의 참 모습을 많이 보여 주는 것 같아요. 하지만 몰두하지 않고서도 내가 많은 일에 관여한다는 걸 알았어요. 게다가 내가 하는 일이 나한테 중요한 때를 제외하고는 그렇게 꼼꼼하게 일을 처리하지 않는다는 것도 알게 되었어요. 물론 아주 중요한 일인데 아무도 세심하게 신경 쓰지 않을 경우에는 할 수 없이 제가 신경 쓰죠."

앨리샤는 직장을 바꾸기로 결심했고, 그런 결정을 내리고 난 다음 해에 자신의 천재성을 새롭게 인식하게 되었다.

"사람들에게 직장을 바꿨다고 설명할 때 깨달았어요. '그냥 그것을 잘해 낼 수가 없었어요'라고 거듭해서 말하면서 뭐가 문제였는지 알게 된 거죠. 관심이 가는 일을 그냥 되는대로 내버려 두지 않는 것! 뛰어들어서 어떻게든 성공시키려고 덤비죠."

앨리샤처럼 5년 동안이나 천재성을 탐색하는 것이 그다지 드물지 않다. 많은 사람들이 맞는 이름을 찾고, 그 이름을 간직한다. 어떤 사람들은 처음에 선택한 이름에서 점점 더 깊은 의미를 찾아 낸다. 천재성은 변하지 않았지만, 그것에 대한 이해의 깊이는 변한다. 우리가 천재성에 대해 처음 얻었던 인식은 천재성이 아니라 학습된 기술이나 전략에 불과한 경우가 많다. 이것은 양파의 겉껍질일 뿐이다.

때로는 다른 사람들과 대화하는 동안 눈부신 인식의 섬광을 경험하기도 한다. 티아처럼 말이다. 이 장의 나머지 부분은 천재성을 인식하기 위해 서로 도움을 준 사람들의 이야기를 들려줄 것이다. 그들의 이야기는 천재성의 온전한 그림을 드러내기 위해 퍼즐 조각들을 어떻게 짜 맞추는지, 피드백과 대화의 가치가 무엇인지, 그리고 인식의 순간 어떤 느낌이 드는지 등을 잘 보여 준다. 또한 여러 사람들이 서로 도와가며 천재성을 인식하는 것이 어떤 것인지 그리고 어떻게 서로 도울 수 있는지도 보여 준다.

나를 포함해서 모두 열여섯 명이 둥그렇게 둘러앉았다. 벽을 오크재로 마감한 방에는 은은한 조명이 들어와 있다. 창밖에는 얼어붙은 대지 위로 하얀 눈이 내리고 있다. 이 사람들은 모두 같은 회사에 다니며, 천재성을 인식하기 위해 이 자리에 모였다. 나는 이들을 지도하기 위해 참석했다. 일요일 오후다. 토요일 아침에 시작된 이 워크숍도 이젠 막바지에 접어들고 있다.

워크숍을 시작하면서부터 우리는 천재성에 대해 이야기했다. 주목하기, 좌절, 악평, 취지에 대해서 살펴보았다. 그들은 많은 이야기를 나누었고, 그 속에서 천재성을 인식하기 위한 단서가 될 만한 어휘 목록을 만들었다. 각자가 짜 맞춰야 할 퍼즐 조각들이 아주 많았다.

천재성에 맞는 이름을 찾은 사람들은 그 이름을 적은 이름표를 달았다. 내 이름표에는 당연히 '명확성 창조하기'라고 적혀 있다. 사람들이 자신의 천재성에 이름을 붙이도록 격려하는 장치로서, 그리고 참석한 모든 사람들이 만족하려면 얼마나 더 가야 하는지 결정하기 위해서, 이 책에 나온 것과 같은 이름표를 사용하였다.

이야기를 새로 시작할 때마다, 이름표가 바뀐 사람들은 새로 찾은 이름에 대해 설명했다. 중간 관리자급인 프랭크는 이름표를 달지 않았다. 그는 맞는 이름을 찾기 위해 고심했지만, 도무지 어떤 이름도 떠오르지 않았다. 프랭크는 쑥스럽게 웃으며 말했다.

"아무래도 내 천재성은 '내 자신을 회피하기'가 아닌가 싶습니다."

샘은 보수, 관리 일을 하는 사람이었다. 그의 이름표에는 '터 놓고 말하기'라고 쓰여 있었지만, 샘은 그 이름이 꼭 맞는 건 아니라고 말했다. 모임 시간이 다 끝나 가기 전에 어떻게든 맞는 이름을 찾을 수 있도록 도와달라고 요청했다.

카르멘은 일반 사무직원이었다. 그녀 역시 자신의 천재성에 대해 더 이야기하고 싶다고 말했다. 그녀의 이름표에는 '희망 개발하기'라고 쓰여 있었다.

트레이닝 매니저인 앤이 먼저 입을 열었다.

"왜 이렇게 어렵죠? 천재성이란 게 그렇게 자연스러운 것이라면, 왜 쉽게 찾을 수 없는 거죠? 이렇게 어려워서는 안 되는 것 아닌가요?"

앤의 말이 맞다. 그렇게 어려워서는 안 되는 것 같은데 실제로
는 어려운 경우가 많다. 당신의 천재성에 이름을 붙이는 것이 당신
자신의 자연스러운 측면을 인식하는 것을 의미하지만, 절대 쉬운
도전이 아니다.

깊이 공감하기
"천재성이 이렇게 보이지 않으니 정말 좌절이 되는군요."
앤이 고백했다.

프랭크가 말했다. "제가 당신에게서 주목하는 것은, 당신이 다
른 사람들의 감정을 금세 알아차린다는 점이에요. 누군가가 힘든
시기를 보내고 있을 때는 당신도 슬퍼하는 것처럼 보여요. 다른 사
람이 무언가에 대해 웃고 있을 때는 당신도 미소를 띠죠. 내가 어
제 좌절했을 때, 당신은 내 기분을 완전히 이해하는 것 같았어요."

이 모임에 참여한 사람들은 상대방을 판단하지 않으면서 주목
한 것을 나누는 것이 굉장히 유익하다는 것을 알고 있었다.

"맞아요. 그래서 저도 제 천재성이 다른 사람과 관련되었다고
생각해요."

앤이 대답했다.

"다른 사람을 도울 때 당신만의 독특한 방식은 무엇인가요?"
라고 내가 물었다.

그 정의상, 천재성은 다른 사람들에게 무언가를 제공하는 것

을 말한다. 따라서 당신의 천재성이 남을 돕는 거라고 말하는 것은, "당신의 천재성이 천재성이다"라고 말하는 것과 같다. 따라서 "다른 사람을 도울 때 나만의 독특한 방식은 무엇인가?"라고 자신에게 물어야 한다. 나는 앤이 평소에 다른 사람을 돕는 방식을 바라보기를 바랐다. 이때 그 돕는 방식은 그녀만의 독특한 방식이어야 한다.

앤은 내 질문에 당황하는 것 같았다. 나는 내 육감을 믿고서 앤에게 좌절의 원인을 추적해 보라고 권유했다.

"지금 이 순간 당신은 무엇에 대해 좌절감을 느낍니까?"

"저도 모르겠어요. 도무지 그것을 알아낼 수가 없어요. 하지만 방금 내가 다른 사람들의 감정에 쉽게 동화된다고 프랭크가 말했을 때 갑자기 예전에 하던 일이 떠올랐어요. 간호사로 일했었거든요. 그 당시에 너무 가슴이 아파서 그만둘 수밖에 없었어요"라고 앤이 대답했다.

앤은 겉보기에는 전혀 상관없는 간호사 일에 대한 생각에 집중했다. 그러한 생각은 흔히 천재성의 중요한 단서가 된다.

"그것이 당신의 가슴을 어떻게 아프게 했나요?"

내가 물었다. 그 질문에 앤은 큰 충격을 받은 것 같았다. 얼굴이 일그러지더니 손으로 얼른 가렸다. 어깨가 가볍게 들썩이더니 이내 울음을 터뜨렸다.

"무엇인지 알아냈죠, 그렇죠?"

내가 다시 묻자 앤이 몸을 추스르고 바로 앉았다. 여전히 눈물이 뺨을 타고 흘러내렸다.

"예. 제 천재성은 '깊이 공감하기'예요. 저는 항상 가장 많이 울거나 가장 많이 웃는 사람이에요. 가장 깊이 좌절하거나 가장 크게 화를 내는 사람이죠. 그래서 간호사 일을 그만 둘 수밖에 없었어요. 다른 사람들의 고통을 참을 수가 없었거든요. 너무 힘들었어요."

앤이 나지막이 대답했다. 아무도 입을 열지 못했다. 모두의 눈이 앤에게로 쏠렸다. 흐르는 눈물 사이로 잔잔한 미소가 번졌다. 앤은 몸을 바로 하고 긴장을 풀기 위해 안도의 한숨을 내쉬었다.

"정말로 그랬어요. 간호사로 일할 때 너무나 고통스러웠기 때문에 그 점을 애써 무시하려고 했나 봐요."

그러더니 앤이 큰 소리로 말했다.

"와우! 울고 나니까 속이 후련하네요!"

우리는 다 같이 한바탕 크게 웃었다. 앤은 우리에게 자신의 천재성을 말해 줬을 뿐만 아니라 직접 볼 수 있게 해주었다. 쉽게 울고 쉽게 웃는 것, 그만큼 깊이 느낀다는 것을 직접 확인할 수 있었다.

단서 찾기

이름표에 '다리 놓기'라고 적은 스탠이 프랭크에게 말했다.

"당신은 정말 대단해요. 모든 것을 다 주목하잖아요. 다른 사람들에게 올바른 단서를 제일 많이 제공했어요. 방금도 앤에게 다

른 사람의 감정을 잘 읽는다고 알려 줬잖아요. 그것이 당신의 천재
성과 어떤 관련이 있지 않을까요?"

다리를 놓는 것은 연결하는 것을 말한다. 스탠은 프랭크가 앤
에게 한 말과 프랭크의 천재성을 연결했던 것이다.

프랭크는 스탠의 말을 듣고 깜짝 놀랐다. 그동안 자신의 그런
모습을 전혀 인식하지 못한 것 같았다. 다른 사람들도 스탠의 관찰
을 긍정하듯이 고개를 끄덕였다.

"제 아내가 저더러 '당신은 사소한 것도 놓치는 법이 없어요'
라고 늘 말했어요."

프랭크가 말했다. 그러고 나서 옆에 앉은 사람에게 가만히 속
삭였다.

"사실, 나는 아무런 단서가 없어요."

그렇게 넌지시 하는 말이 가끔은 천재성의 중요한 단서가 되
기도 한다. 나는 프랭크의 천재성이 단서와 관련된 것이 아닐까 궁
금했다.

"당신의 취미는 뭐죠, 프랭크?"

앤이 물었다.

"나는 야생 생물들의 사진을 찍어요."

프랭크가 대답했다.

"나는 단서를 찾아서 숲속을 헤매는 것을 좋아해요. 추적하는
것이죠. 사실 사진 찍는 것은 부차적인 것이에요. 내가 찾고 있는

것을 발견했다는 증거일 뿐이죠."

다시 내 육감이 발동했다.

"당신의 천재성이 '단서 찾기'와 관련된 건 아닐까요?"

프랭크가 나를 똑바로 쳐다보았다. 그의 눈이 휘둥그레졌다. 내가 뭔가를 포착했다고 생각했지만, 프랭크 스스로 천재성에 도달해야 한다는 걸 나는 알고 있다. 내 육감을 설명할 수 있지만 그에게 억지로 확신시킬 수는 없다. 사람들이 스스로 결론에 도달하는 것이 중요하다.

"당신은 숲에 가면 야생 생물에 대한 단서를 찾죠. 지금도 다른 사람들의 천재성에 대한 단서를 찾고요. 당신은 사람들에게 단서라는 선물을 주고 싶어 하는 것 같군요."

내가 말했다.

나는 이러한 관찰이 프랭크의 천재성을 밖으로 표출하는 것이라는 것도 안다. 내가 계속 물었다.

"당신은 자신에 대한 단서도 찾나요?"

"격렬하게요!" 프랭크가 대답했다. "나는 자기 수양과 관련된 것은 빼놓지 않고 읽습니다. 책에 나오는 모든 적용하기를 직접 해보고요. 이 워크숍에 참석한 것도 나 자신에 대한 단서를 찾기 위해서지요."

프랭크가 활짝 웃었다. 나는 그가 인식의 순간에 도달한 것을 알아차렸다. 그는 얼른 이름표를 집어 들고 '단서 찾기'라고 적었다.

카르멘의 이름표에는 '희망 개발하기'라고 적혀 있었지만 카르멘은 마뜩찮아 했다.

"근접한 것 같지만 딱 맞는 이름은 아니에요."

이 모임에 참석한 사람들은 성공을 맛보았을 때 그리고 일이 술술 풀리는 것 같던 때에 대해 이미 이야기를 나눴다. 내가 카르멘에게 물었다.

"당신의 이야기에서 공통 요소로서 무엇을 주목했죠?"

카르멘은 메모한 것을 살펴보더니 말했다.

"저는 주로 지도하는 것, 기회를 포착하는 것, 사람과 아이디어를 개발하는 것, 기여하는 것, 위험을 무릅쓰고 시도하는 것 등에 대해 이야기했어요."

"모두 희망적인 개념들이군요."

앤이 말하자 카르멘이 대답했다.

"맞아요. 그래서 내 천재성이 뭔가 희망과 관련된 것이 아닌가 생각했어요. 하지만 확신이 들지 않아요."

앤이 카르멘에게 좀더 상세히 말해 달라고 부탁했다.

"저는 항상 사람들의 긍정적인 면을 보려고 노력해요. 그런데 제 남편은 좀 달라요. 그래서 저는 남편이 밝은 면을 볼 수 있도록 애쓰죠. 희망적이고 긍정적으로 생각했으면 좋겠는데, 그이는 그냥 순간적으로 화를 내고 감정을 폭발시켜요."

카르멘이 남편에게 느끼는 좌절이 천재성의 단서였다. 그녀는 남편이 희망적으로 생각해 주기를 바라지만, 남편은 순간적인 감정을 표출하려고 한다.

"희망이 딱 맞는 표현은 아니에요. 저는 늘 긍정적인 면을 볼 수 있기를 바라죠. 어쩌면 제 천재성은 '긍정적인 것 바라보기'인 것 같아요."

나는 카르멘에게 그 자리에 모인 사람들 중에 한 명을 골라서 눈을 똑바로 쳐다보며 "내 천재성은 '긍정적인 것을 바라보기'"라고 말해 보라고 주문했다. 다른 사람들에게 대놓고 자신의 천재성을 이야기하면, 찾아낸 이름의 소유권을 갖는 한 방법이 될 수 있기 때문이다. 물론 쉬운 일은 아니다.

카르멘은 앤을 골랐다. 우리는 카르멘이 "내 천재성은 '긍정적인 것을 바라보기'예요"라고 말할 때 그녀의 반응을 지켜보았다. 카르멘은 말을 마치고 입술을 오므리며 고개를 좌우로 흔들었다.

"아뇨. 이건 아닌 것 같아요."

카르멘은 자신의 천재성에 대한 펠트 센스를 아직 맛보지 못했다. '아하!' 체험이 일어나지 않았다. 눈부신 섬광도 없었다. 그 이름이 맞지 않았던 것이다.

"뭐가 잘못되었나요?" 내가 물었다.

"바라본다는 개념은 너무 수동적이에요. 저는 그냥 바라보는 게 아니거든요. 긍정적인 것이 때로는 제 앞에 드러나 있지만, 때로는 일부러 찾아야 하거든요. 분명히 드러나지 않을 때는 말이죠."

"그렇다면 '긍정적인 것 바라보기'가 아니라 '긍정적인 것 찾기'인가요?" 앤이 물었다.

"맞아요! 바로 그거에요! '긍정적인 것 찾기!'"

카르멘이 활짝 웃으며 말했다. 그러면서 자신의 천재성에 대한 펠트 센스를 맛보았음을 보여 주려는 듯 의자에서 들썩들썩 움직였다. 눈부신 섬광이 번뜩였다.

"다시 앤을 향해서 내 천재성은 '긍정적인 것 찾기'라고 말해 줄래요?" 내가 부탁했다.

카르멘이 앤을 쳐다보며 말했다.

"내 천재성은 '긍정적인 것을 찾기'예요."

이번에는 카르멘의 목소리가 확고했다. 카르멘 본인을 포함하여 모든 사람들이 그녀가 천재성을 인식했다는 것을 알았다.

따뜻함 발산하기

나는 샘에게로 관심을 돌렸다. 샘은 시간을 좀더 달라고 말했었다. 그의 이름표에는 '터놓고 말하기'라고 적혀 있다.

"저는 이 이름이 맞지 않다는 것을 압니다. 지금 여기서 그것을 터놓고 말하는 걸 보면 맞는 것 같기도 합니다만, 그 이면에 뭔가가 더 있어요. 양파의 또 다른 층이죠. '터놓고 말하기'가 제 취지는 아니라고 생각되지만, 사실 제 취지가 뭔지도 잘 모르겠습니다."

당신의 천재성은 당신이 다른 사람들에게 주려고 하는 선물이기 때문에, 다른 사람들이 당신에게서 얻는 것이 흔히 중요한 단서가 된다. 예를 들어 나는 당신에게 당신의 천재성에 대한 명확성을 주려고 노력한다. 그래서 내 천재성은 '명확성 창조하기'이다.

"여러분은 샘에게서 어떤 선물을 얻었습니까?"

내가 모인 사람들에게 물었다. 누군가가 바로 대답했다.

"따뜻함이요."

그러자 다른 사람들이 한목소리로 "맞아요"라고 외쳤다.

"그래서 저는 다른 사람들과 터놓고 이야기하는 것을 좋아합니다. 사람들 사이에 형성된 따뜻한 느낌이 좋습니다. 우리가 나누는 이야기가 무엇이든 상관없습니다. 그 느낌을 얻을 수만 있다면 말이죠." 샘이 길게 답변했다.

"따뜻함을 창조하는 다른 방식이 있습니까?" 내가 물었다.

"따뜻함을 창조한다는 말은 맞지 않습니다. 그보다는 따뜻함을 발산한다는 말이 더 좋겠군요. 그래요, 이게 훨씬 좋아요." 샘이 대답했다. 그러고는 이를 활짝 드러내며 웃었다.

나는 좀더 신중해야 한다. 내 천재성이 '명확성 창조하기'이기 때문에 다른 사람들의 천재성을 예측할 때 불쑥 '창조하기'라는 말이 튀어나온다. 당신도 다른 사람이 천재성을 인식하도록 도우려고 할 때, 당신의 천재성을 그 사람에게 투여하지 않나 잘 생각해야 한다.

따뜻함을 발산하는 다른 방식에 대한 내 질문으로 돌아가 보자. 샘이 대답했다.

"저는 특별한 이유 없이 선물 주는 것을 좋아합니다. 기분이 따뜻해지거든요. 선물을 받는 것도 좋아합니다. 또 그냥 안부 인사를 하려고 친구들에게 자주 전화합니다. 제 전화요금 청구서를 한번 보셔야 하는 건데……."

샘은 웃느라 잠시 말을 멈추었다. 그런 다음 다시 설명했다.

"좀 창피하기는 하지만, 우리 집에는 온갖 난방 기구가 있습니다. 가스난로는 물론, 전기난로도 있습니다. 거기에 벽난로와 비상용 등유 난로까지, 없는 게 없습니다. 저한테는 '따뜻함 발산하기'가 그만큼 중요한가 봅니다."

샘은 새로운 이름표를 들어 '따뜻함 발산하기'라고 적었다.

나중에 샘은 자신의 일에 대해서 말했다.

"저는 한때 제가 하는 일에서 완전히 실패자라고 생각한 적이 있습니다. 한동안은 제 자신에게 무슨 문제가 있어서 그렇다고 생각했습니다. 이제 저의 천재성을 알고 나니 그 일이 저한테 맞지 않았다는 것을 알게 되었습니다. 제가 가진 특별함을 발휘할 수 없었던 것이죠."

이해 추구하기

공장에서 수석 기술자로 일하는 마틴은 '문제 해결하기'라는

★ ★ ★ ★ ★ ★ ★ ★ ★
부록 B 》》》
천재성을 인식하려는 목적으로 만나는 사람들을 위한 가이드라인
● p.213

이름표를 달고 있었다. 마틴은 자신의 천재성에 대해 더 이야기하고 싶다고 요청하지는 않았지만, 역시 그 이름이 딱 맞는 것은 아니라고 말했다.

'문제 해결하기'라는 이름이 누군가의 천재성을 잘 설명할 수는 있겠지만, 마틴 자신은 양파를 충분히 벗기지 않은 것 같았다. 문제를 해결하는 것은 그만의 타고난 능력이라기보다는 일련의 학습된 기술이라고 생각되었다.

나는 마틴에게 양파 껍질을 더 벗겨 보라고 권했다.

"우리는 모두 어떤 식으로든 문제를 해결하는 사람들입니다. 나는 당신이 문제를 해결하는 특별한 방식이 무엇인지 궁금합니다. 또한 살아가면서 그 특별함이 문제를 해결하는 것 이외에 다른 데서는 드러나지 않는지도 궁금합니다."

"문제를 해결할 때 당신이 하는 것은 무엇인가요?"

프랭크가 묻자 마틴이 대답했다.

"어떤 문제가 발생하면 그것에 대해 가능한 모든 것을 알아봅니다. 관련된 내용을 읽고, 많은 사람들과 이야기를 나눕니다. 인터넷도 뒤지고요. 엄청나게 메모도 합니다. 그 문제에 대해 끊임없이 생각합니다. 산책을 하면서 생각에 잠기기도 하지요. 아주 큰 문제에 대해서는 이렇게 집중해서 생각하지만, 사소한 것들에 대해서도 허투루 대하지 않습니다. 가령 옷장을 어떻게 정리하는 것이 좋을까를 두고도 고민하죠. 이 워크숍에서 다른 사람들의 천재성에 대한 문제를 해결하는 것도 좋아합니다.”

프랭크는 정말로 다른 사람들이 천재성을 인식하도록 돕는 재주가 있었다.

잠시 뜸을 들이던 마틴이 다시 말했다.

“방금 생각이 떠올랐는데요. 내게 문제는 어떤 수단 같은 것이에요. 화가의 캔버스나 작가의 종이 같은 것 말입니다.”

“당신은 그림을 그리거나 글을 쓰나요?” 내가 물었다.

“예전에는 두 가지 다 했었지만, 요새는 통 못합니다.”

“그림을 그리거나 글을 쓸 때 어떤 점이 좋았습니까?”

“그것은 무지無知에서 시작됩니다. 그림을 그리고 글을 쓸 때, 내가 알지 못하는 어떤 것이 있다는 생각에서 출발합니다. 내가 잘 모르는 것, 내가 이해하고 싶은 어떤 것 말입니다. 그림을 그리고 글을 쓰는 것은 그 이해를 추구하는 나만의 방식이었습니다.”

프랭크가 끼어들었다.

“그렇다면 당신의 천재성은 ‘이해 추구하기’와 관련된 것이 아닐까요?”

“맞습니다.”

마틴이 조용히 말했다. 우리는 마틴이 허공을 바라보는 모습을 가만히 지켜보았다. 마틴의 인식의 순간은 다른 사람들처럼 극적이지 않았다. 그렇지만 인식한 것만은 분명했다. 조용한 가운데서도 눈부신 섬광이 번뜩일 수 있다.

★ ★ ★ ★ ★ ★ ★ ★ ★
적용하기 14 · 15 〉〉〉
당신의 천재성이 현 직업에
서 어느 정도 발휘되고 있는
지 알아보기.

◗ pp.251, 253

"맞습니다."

마틴이 다시 말했다.

"문제를 해결하는 것은 바로 그것 때문입니다. 그래서 천재성
에 이름을 붙이는 이 과정이 정말로 즐거웠습니다."

당신은 천재성을 발휘하고 있는가?

지금까지 네 가지 핵심 질문의 첫 질문, 즉 "당신의 천재성은
무엇인가?"에 답할 수 있는 접근 방식과 전략을 살펴보았다. 이제
는 두 번째 질문, "당신은 천재성을 발휘하고 있는가?"에 대해 간
단히 살펴보자.

두 번째 질문은, 일단 천재성을 인식한 후에 그 답이 금세 떠
오를 수 있기 때문에 간단히 살펴보고 넘어갈 수 있다. 예를 들어
자신의 천재성을 '일 바로잡기'라고 이름 붙인 데이브는, 처음에
일을 맡았을 당시 뒤죽박죽 얽혀 있던 일들을 다 바로잡았기 때문
에 갈수록 관리자로서의 역할이 거북했다는 것을 깨달았다. 또한
그가 바로잡아야 할 과제를 계속해서 찾는다면, 기술자 역할에서
관리자 역할로 옮기기로 한 결정이 실수가 아니라는 것도 알았다.

자신의 천재성을 '항로 정하기'라고 말한 덴은 그 천재성이 현
직장에서 잘 발휘되고 있다는 것을 알았다. 또한 이전에 종사했던
여러 가지 일들 중에서 어떤 것은 성공하고 어떤 것은 실패한 이유
도 알았다. 덴은 매니저이지만 아직까지 특별한 비전을 제시하는

일을 맡지는 못했다. 만일 뚜렷한 비전을 가진 그룹을 관리할 기회가 온다면, 분명히 멋진 성과를 달성하도록 항로를 잘 계획할 수 있을 것이다.

닐의 천재성은 '경로 탐색하기'이다. 그는 천재성을 인식한 뒤에, 여행과 모험을 소개하는 사업이 자신에게 딱 맞는다는 것을 바로 알아차렸다. 또한 그림과 글쓰기 같은 겉보기에 전혀 이질적인 경로를 탐색하거나 사업을 시작했다가 금세 팔아 치우는 와중에, 다른 사람들에게 방향이나 목표가 없는 사람으로 비쳐진 이유도 알게 되었다. 닐은 자신의 삶에서 중요한 사람들에게 그가 왜 목표의식이 없는 사람으로 비쳐졌는지 해명해야겠다고 결심했다. 그리고 설명을 해줘도 무시한다면 더 이상 신경 쓰지 않기로 다짐했다.

프란신이 '마음 쏟기'라는 천재성을 인식했을 때, 그 이름은 왜 그녀가 일에서 행복하지 않았는지, 그리고 다른 일에서 자신이 무엇을 찾아야 하는지도 분명히 알려 주었다.

천재성을 인식한 후에는 "당신은 천재성을 발휘하고 있는가?"라는 질문에 즉시 답할 수 있을 것이다. 또한 무엇을 해야 할지에 대한 힌트를 얻을 수 있을 것이다. 당신이 현재 하는 일에서 천재성을 발휘하는 정도와 당신이 현재 경험하고 있는 일의 만족도는 상당히 일치할 것이다.

당신의 천재성을 일에서 크게 발휘하지 못한다면 세 가지 대안이 있다. 첫째, 체념하고 그 상황을 받아들인다. 실재로 많은 사

★ ★ ★ ★ ★ ★ ★ ★ ★ ★
적용하기 16 》》》
당신이 추구하는 일에서 어떻게 가치를 높이는지 설명하기.
● p.255

람들이 그렇게 할 수밖에 없는 이유를 댄다. 대개 그 이유는 경제적인 안정과 관련된 경우가 많다. 이 대안을 선택한다면, 당신의 천재성을 발휘할 수 있는 다른 수단을 찾아야 한다. 가령 취미 생활을 즐기거나 봉사 활동에 참여하는 식으로 말이다. 자, 만족하지 못하는 상황에 자신을 내맡기지 말고 당신의 천재성을 신나게 발휘할 수 있는 다른 취미를 찾아보라.

둘째, 일을 새롭게 변화시킨다. 예를 들어 데이브는 우울한 기분의 원인을 찾은 후에 상사에게 찾아가서 솔직하게 털어놓았다. 다행히 데이브의 상사는 일을 바로잡는 데 필요한 새로운 상황을 찾아 줄 수 있었다. 이처럼 때로는 문제가 의외로 쉽고 간단하게 해결되기도 한다. 약간의 변화로 큰 차이를 가져올 수 있음을 명심하라.

세 번째 대안은 훨씬 폭넓은 변화를 추구하는 것이다. 프란신처럼 자신의 특화된 영역의 일을 할 수 있는 새로운 곳을 찾아야 한다. 혹은 완전히 새로운 커리어를 찾는 식으로 좀더 과감한 변화를 추구할 수도 있다. 이 경우, 지금까지 밟아 온 과정과 너무 달라서 새로 교육도 받고 온갖 노력을 경주해야 할 것이다. 새로운 도전에 따른 흥분과 설렘과 불안감도 당연히 있을 것이다.

당신의 천재성을 인식하면, 스스로에 대한 자신감이 커져서 어떠한 대안을 선택하든 흔들림 없이 추구해 나갈 수 있을 것이다.

★ ★ ★ ★ ★ ★ ★ ★ ★
적용하기 17 〉〉〉
당신의 천재성을 자라게 할 수 있는 상황을 찾기.
➲ p.256

Chapter 7 ★

삶의 목적을 간파하라

주변이야말로 내 소관이다.
– 에밀리 디킨슨

★★★ 매리언 짐머 브래들리의 소설 《아발론의 안개The Mists of Avalon》에서, 랜슬롯은 성배를 찾아 나서면서 이렇게 말한다.

"늪에 빠져 헤맬 때 아득히 먼 곳에서 비치는 희미한 불빛처럼 멀리서 들려오는 위대한 종소리가 '따라오라'며 나를 부르는 것 같았습니다."[1]

랜슬롯의 표현은 삶의 확실한 목적을 인식한 사람들이 보고하는 느낌을 제대로 포착했다. 빈민가에서 노숙 생활을 하던 어느 10대 흑인 미혼모는 그녀에게 은혜를 베풀어 준 독지가에게 자기도 다른 사람들에게 베풀며 살겠다고 약속했다. 30년 후, 그녀는 지역 사회에 기여한 공로로 주정부 표창을 받았다. 한 밴드의 가수는 밴드를 이끌어 줄 마땅한 사람이 없자 여덟 살 난 아들에게 밴드를 이끌어 보라고 부추겼다. 이 소년은 커서 훌륭한 오케스트라의 지휘자가 되었다. 이렇다 할 목표도 없이 아무렇게나 살던 한 젊은이는 도자기 제작의 즐거움을 발견하고 평생 그 일에 종사하며 어려운 사람들을 도와주었다. 이들은 랜슬롯처럼 '위대한 종소리'를 들은 사람들이다. 그렇지만 이 세 가지 짧은 이야기만 듣고서 그러한 종소리가 젊은이들에게만 들리는 거라고 오해하지는 마라. 마이클 아조파디는 50대에 이르러서야 그 종소리를 들었다. 이 장 뒷부분에서 그의 이야기를 자세히 들려줄 것이다.

이제 1장에서 제기한 네 가지 핵심 질문의 세 번째, 즉 "당신의 목적은 무엇인가?"를 물어볼 시점에 이르렀다.

목적의 의미

목적도 천재성처럼 여러 가지 이름과 설명이 뒤따르며, 당대 수많은 현명한 사색가들이 그 의미를 탐색해 왔다. 로렌스 볼트는 그것을 '사명'이라고 부르면서 "당신의 삶이 선포하고 싶은 메시지는 무엇인가?"라고 물었다.[2] 디팩 초프라는 우리가 인류에게 봉사하려면 어떻게 하는 것이 가장 좋은지 스스로에게 물어야 한다고 주장했다.[3] 제임스 레드필드는 그것을 '우리만이 할 수 있는 소명'이라고 불렀다.[4] 심리치료사인 토머스 무어는 그것을 천직, 즉 '의미와 정체의 원천인 곳에서 나오는 부르심'이라고 썼다.[5] 매튜 폭스 역시 목적을 천직이라고 썼다. 즉, 우주의 작업에 동참하라는 부르심이며, '굉장히 멋진 역할'이라고 말했다.[6] 리처드 라이더는 목적을 '당신의 목표요, 당신의 존재 이유이며, 당신이 아침에 일어나는 이유'라고 말한다.[7]

목적을 이해하려고 애쓰는 우리 같은 사람들은, 그 표현 방식은 다르더라도 다음과 같은 이유 네 가지에 대체로 동의한다.

1. 당신의 목적은 창조되는 것이 아니라 발견되거나 간파되는 것이다

레드필드는 이렇게 말한다. "우리에게는 숭고한 목적, 즉 소명이 있다. 우리는 그 소명을 제대로 알지 못한 채 좇기만 한다. 그 소명을 완전히 알아차리면, 우리의 삶은 멋지게 나아갈 수 있다."[8]

스티븐 코비는 이렇게 주장한다. "나는 우리에게 내부 모니터나 감각 혹은 의식이 있다고 생각한다. 이것을 통해서 타고난 독특함을 인식하고, 우리가 남다르게 기여할 수 있는 것을 알아낸다."[9]

라이더는 이렇게 썼다. "목적은 이미 우리 안에 있다. 그 안에서 발견되기를 기다리고 있다."[10]

릭 워렌은, 우리의 목적은 내부를 들여다본다고 인식되는 것이 아니라 오로지 계시를 통해서 인식될 수 있다고 주장한다.[11]

당신의 목적이 무엇이어야 한다고 생각되는 그림을 그려 내려고 애쓰지 말라. 당신의 목적은 소명召命이다. 따라서 억지로 고안할 것이 아니라 관찰을 통해서 간파해 내야 한다.

2. 당신의 목적은 밖을 향하고 있다

당신의 목적은 당신의 천재성을 구체적으로 외부에 드러내는 것이다. 당신의 행동을 세상에 보여 주는 것이며, 당신 안에 가둬 놓거나 당신만을 위해서 존재하는 것이 아니다. 당신의 천재성은 세상에 대한 당신의 선물이며, 당신의 목적은 그 선물을 나눠 줄 구체적이고 독특하며 실질적인 방법이다.

삶의 목적을 새롭게 제시한 빅터 프랭클은 이렇게 말하였다.

우리는 삶의 추상적 의미를 찾아서는 안 된다. 우리는 누구나 구체적인 과제를 실천하기 위해 특별한 사명이나 천직을 타고난다. 이는 반드시 실천해야 하는 것이다. 그 점에 있어서 대신해 줄 사람도, 다시 시도할 수도 없다. 이처럼 각자의 과제는 그것을 실천할 구체적인 기회만큼이나 독특하다.[12]

자신의 천재성을 '보석 찾기'라고 말한 톰은 주택과 아파트 임대 사업을 하고 있다. 톰은 자신의 목적을 좋은 주택을 적당한 가격에 제공하는 것이라고 생각한다. 그가 찾는 보석은 적당한 가격의 괜찮은 주택과 아파트, 그리고 그런 집을 임차할 사람들이다.

앨런은 마케팅 중역 일을 그만두고 지금은 경력자 헤드헌팅 회사를 운영하고 있다. 앨런의 목적은 자기에게 맞는 일을 하는 사람들로만 구성된 조직을 창설하는 것이다. 토니는 이직을 원하는 이

들에게 카운슬링을 해준다. 토니의 목적은 사람들이 자신의 참모
습을 파악하도록 돕는 것과 가난한 사람들을 위해 봉사하는 것이
다. 대기업에서 트레이닝 매니저로 일하는 말론은 자신의 목적을
다른 사람의 잠재성을 실현시켜 주는 것이라고 설명한다. 마사지
치료사인 마야는 천재성과 목적을 독특하게 연결시켰다. 마야는
자신의 천재성을 '정신 기억하기'라고 부른다. 자기가 하는 일이
사람들의 정신 에너지와 육체를 연결하도록 돕는 것이라고 믿고
있다. 그러면서 자신의 목적은 정신을 '기억하는 것'이라고 말한
다. 천재성을 설명하기 위해 사용한 어휘를 그대로 차용한 것이다.

　사람들은 자기만족을 위해서만 목적을 추구하지는 않는다. 또
한 진부한 용어로 어떤 권한이나 명성, 위신, 행복이나 재물 등의
보상을 바라고 추구하지도 않는다. 단지 그래야만 하기 때문에 그
목적을 추구하는 것이다. 그런 면에서 목적은 성스러운 충동이라
고 여겨질 수 있다.

　3. 목적을 알고 나면, 그 목적을 좀더 계획적이고 효과적으로
　　달성할 수 있다

　윌리엄슨은 이렇게 쓰고 있다. "우리는 심리적으로나 감정적
으로 몹시 끌리는 일을 할 것이다. 그것이야말로 우리 능력의 핵심
이며 탁월함의 원천이다."[13]

　자신의 천재성을 '경로 탐색하기'라고 한 닐은 여러 가지 창의

적인 시도와 더불어 여행 계획자로 일한다. 닐의 여행사는 온갖 모험을 즐길 수 있는 여행 상품을 찾아 줌으로써 사람들에게 특별한 만족을 선사한다. 닐은 고객들에게 여행 경로를 탐색해 주는 즐거움에 푹 빠져 있다. "이 손님에게 가장 멋진 경로는 무엇일까?"를 늘 염두에 두면서 고객에게 멋진 여행 상품을 권유한다. 닐은 자신의 목적을 모험과 평화를 제공하는 것이라고 말한다.

4. 목적을 알고 나면 삶의 방향이 생긴다

목적은 여러 가지 결정을 내릴 때 방향을 제시해 준다. 무엇을 하고, 언제 그것을 하고, 어디서 살아야 하며, 누구와 교제하고, 무엇을 멀리해야 하는지 등을 결정할 때 막연히 헤매지 않도록 확실한 방향을 알려 준다. 라이더는 목적을 "우리의 삶을 형성하는 자질"이라고 부른다.[14]

니즈 알기

철학자 샘 킨은 숭고한 부르심, 즉 소명에는 네 가지 요소가 있다고 썼다. 그 네 가지 요소는 타고난 재능과 기쁨, 니즈와 훈련을 말한다.[15] 타고난 재능은 당신의 천재성이다. 기쁨은 당신에게 즐거움을 안겨 주는 방식으로 그 천재성을 발휘하는 것이다. 니즈는 목적을 파악하도록 도우며, 바로 당신이 실행해야 하는 것을 말한다. 당신의 천재성이 당신의 목적을 이행하는 데 필요한 것이 무엇이든, 훈련은 그것을 잘 할 수 있도록 당신을 개발해 준다.

우리는 마이클 아조파디의 이야기를 통해서 이러한 목적의 개념을 확인할 수 있다. 그의 이야기는 또한 목적을 달성하려면 사전에 씨를 뿌려야 한다는 것을 잘 보여 준다. 니즈를 파악하는 것만으로는 충분하지 않다. 목적은 그 니즈를 완수하기 위해 요구되는 것을 통찰해야만 진정으로 드러난다.

아조파디의 목적의 열매는 몰타 섬에 있는 시기웨이 마을과 가랍시 마을을 이어 주는 도로를 따라 풍성하게 열려 있다. 그 열매는 바로 '신의 섭리의 집Id—Dar tal—Providenza'이다. 이 집은 아조파티가 창설했으며 신체적, 정신적 장애에 도전하는 사람들을 위한 곳이다.

1920년대 초, 청년 아조파디는 몰타 대학에서 법학을 공부하다가 성직에 대한 부르심을 받들어 신학으로 전환하였다. 1920년대 말에 로마의 그레고리안 대학에서 공부할 기회가 생겼다. 그는 이것을 큰 영광이자 멋진 기회로 생각하고 감격했다. 그곳을 졸업한 뒤에 펼쳐질 높고 훌륭한 위치에 오르리라 꿈꾸었다. 아조파디는 자신이 위대함을 타고났으며, 위엄과 봉사의 삶을 살아갈 운명이라고 생각했다. 그 생각은 틀리지 않았다. 그렇지만 그 운명은 그가 꿈꾸었던 것과는 전혀 다른 방식으로 찾아왔다.

로마에서 공부를 마친 후에 아조파디는 보잘것없는 사제직을 요청받아 몰타로 돌아왔다. 처음에는 좀 놀라고 실망했지만, 자신의 꿈을 버리지는 않았다. 그리고 자신의 위치에서 최선을 다한다면 가톨릭 교회 역사상 가장 훌륭한 사제가 될 수 있을 거라고 믿었다.

수년이 흘렀다. 그는 중학교에서 종교를 가르쳤고, 10대를 위한 묵상회를 이끌었다. 2차 대전 동안에는 군목으로도 일했다. 몰타의 가톨릭 문화 센터 설립을 감독하기도 했으며, 시골 지역을 다니면서 아픈 사람들과 노인들을 돌봐 주었다. 미사에 참석하지 못하는 사람들을 위해 매주 라디오로 복음을 전파하는 일도 게을리 하지 않았다.

그러던 와중에 아조파디는 아주 놀라운 사실을 발견하였다. 니즈를 발견한 것이다.

아조파디는 신체적, 정신적 장애가 있는 아동들이 그 가족에 의해 철저히 은폐된다는 것을 알았다. 가까이 사는 이웃들조차 그런 아이가 있다는 것을 모를 정도로, 이들은 이웃과 사회에서 철저히 격리되었다. 가족이 일터에 나가 있는 동안에는 홀로 집 안에 갇혀 지내야 했다. 그런 자식을 가둬 키우는 부모들이 느끼는 수치심은 대단했다. 아조파디는 이 아이들이 너무나 불쌍했다.

아조파디는 이런 아이들을 위한 집을 설립했다. 이 집에 들어온 장애아들은 대부분 가난한 가정 출신이었다.

통찰은 목적을 달성하도록 이끌어 주는 에너지다. 목적이 무엇인지 알고, 그 목적을 넘어서서 바라보거나 새로운 방식으로 바라볼 때 통찰을 얻을 수 있다. 이러한 통찰은 단순히 니즈를 파악하는 것에 멈추지 않고 그 니즈를 이행할 방법을 찾아 준다. 아조파디는 목적의 구체적인 씨앗을 통찰했다. 즉 아이들에게는 보살핌을 받을 환경이 필요하고, 가족에게는 도움의 손길이 필요하며, 사람들 마음속에 뿌리박힌 수치심을 없애 줘야 했다.

1965년 9월 12일, 아조파디는 라디오 방송 중에 이러한 생각을 스스럼없이 말했다. 방송을 마치고 집에 돌아왔더니, 한 여성이 손에 봉투를 하나 들고 문 앞에 서 있었다. 그 여성은 네 시간 동안이나 그를 기다렸다.

아조파디가 다가가자 여성은 집에서 라디오 방송을 통해 장애 아동들에 대한 그의 호소를 들었다고 말했다. 여성은 휴가 때 쓰려고 모아 둔 돈 봉투를 내밀며, '아이들을 위한 당신의 집'을 시작하라고 말했다.

나중에, 아조파디는 그 순간이 그의 삶에서 매우 중요한 전환점이었다고 설명했다. 나는 아조파디가 하는 말을 직접 들었다. "그 봉투를 받는다면, 내 삶은 내가 기대했던 대로 될 수 없으며 지금까지와는 판이하게 달라질 거라는 생각이 퍼뜩 들었습니다." 그 순간까지는 그 집을 그의 집이라고 생각하지 않았으며, 단지 그것이 괜찮은 아이디어라고 여겼을 뿐이었다. 괜찮은 아이디어가 다 거부할 수 없는 통찰로 이어지는 것은 아니다. 여러분이나 나나 여러 가지 괜찮은 아이디어를 떠올리지만 모두 실천에 옮기는 건 아니지 않는가? 아무리 괜찮은 아이디어라도 행동에 옮기도록 강제하지는 못한다.

아조파디는 이 일에 헌신할 것인지 결정하느라 잠시 주저했지만, 거부할 수 없는 그 일에 자신을 내맡기기로 결심했다. 그러고는 봉투를 받아들었다. 봉투에는 몰타 돈으로 300파운드우리 돈으로 30만 원 정도다 ─ 옮긴이가 들어 있었다. 아조파디는 그때까지 30년 동안 교구 목사로 지냈으며, 나이는 쉰다섯이었다.

현재, '신의 섭리의 집'은 세 개 동으로 이루어져 있으며, 각 동에는 연령별로 신체적, 정신적 도전을 극복하려는 아동과 성인들이 지내고 있다. 이 집은 유럽에서도 동종 시설 가운데 최고로 손꼽힌다. 아조파디는 그 집을 이렇게 묘사하였다.

아름답고 넓은 방, 레크리에이션 시설, 예배당, 정원, 상점, 교실, 부엌, 식당, 세탁실, 심리 치료 센터, 크고 아름다운 체육관. 도기 제작실을 포함한 직업 치료 시설. 직원 모임이나 가족, 후원자, 친구들의 모임, 영화 상영과 음악 치료, 그밖에 이 사랑스러운 '천사들'을 행복하고 만족스럽게 지내도록 도와줄 이벤트를 열 만한 널찍한 홀.[16]

아조파디는 그가 다정하게 '천사'라고 불렀던, 신의 섭리의 집에 사는 신체적, 정신적 장애를 극복하고자 애쓰는 사람들을 위해 22년을 헌신하다가 1987년에 세상을 떠났다. 몰타 사람들은 그를 성자로 떠받들고 있다. 아조파디의 절친한 친구 루이스 포텔리는 아조파디를 기리며 이렇게 적고 있다.

그가 이룬 가장 훌륭한 업적 중 하나는, 장애가 있는 가족을 숨기지 말고 떳떳하게 '내놓도록' 부모와 친척들을 설득한 것이었다. 가족 중에 병자나 장애인이 있다는 것이 전혀 부끄러워할 일이 아님을 사람들에게 납득시켰다.[17]

천재성과 목적

나는 아조파디를 직접 만나 보았다. 아주 짧은 만남이었기에, 그가 자신의 천재성을 무엇이라고 설명할지 단언할 수가 없다. 포텔리는 그가 "항상 더 멀리 내다보았다"라고 썼다.[18] 아조파디는 현실을 보고 그 현실을 뛰어넘어 가능한 것들을 상상했다. 또한 농민들의 힘든 삶 속에서 아름다움과 경이로움을 발견했다. 아이들의 장애를 뛰어넘어 바라보았으며, 그들을 '천사'라고 생각했다. 신의 섭리의 집에 닥친 난관이 무엇이든 그 너머를 바라보았고, 그 집에서 할 수 있고 또 해야만 할 일들을 떠올렸다. 그 집의 첫 거주자들은 아이들이었다. 그는 이 아이들이 자라 청소년이 되고 어른이 되면 다른 종류의 거처가 필요할 것임을 내다보았다. 이 모든 것을 미리 내다보고 신의 섭리의 집을 세 동으로 지어, 연령대별로 따로 지낼 수 있게 해주었다. 로마에서 공부하고 있을 때는 그 시기를 훌쩍 지나 새로운 서임敍任을 받을 날을 상상했다. 몰타에 돌아와 교구 목사 일을 할 때도 맡은바 소임을 넘어 더 멀리, 더 많은 것을 바라보았다.

아조파디의 천재성은 '뛰어넘어 바라보기'가 아닐까? 아조파디 본인은 다른 어휘를 사용했을지 모르지만, 아마도 그것이거나 그와 유사한 것이 아닐까 싶다. 아무튼 그가 사용했을 정확한 어휘는 알 수 없을지라도, 아조파디의 천재성이 킨의 '숭고한 부르심' 혹은 내가 말한 '목적'을 향하고 있었다는 것만은 분명히 알 수 있다. 아조파디는 니즈를 파악했고, 또 그것을 뛰어넘어 거부할 수 없는 통찰을 달성했었다. 한 여성이 봉투를 전해 준 때인 1965년까지 겪었던 온갖 경험은, 그가 목적을 달성하는 데 필요한 모든 것을 훈련하게 해주었다.

어디서 단서를 찾을까

대부분의 부르심은 아조파디에게 들려온 것만큼 생생하거나 직접적이지 않다. 언제, 어디서 혹은 어떻게 통찰이 이루어질지 알 수 없으므로, 우리는 이 거부할 수 없는 통찰을 하기 위해 늘 준비해야 한다. 통찰의 출처는 직관이다. 딱히 계획하거나 분석하거나 합리적인 사고를 고취한다고 얻을 수 있는 자질이 아니다.

비록 우리 뜻대로 아무 때나 거부할 수 없는 통찰을 이루지는 못하겠지만, 그 통찰을 안내하는 작은 목소리를 듣고 우리에게 건네지는 봉투를 받아 드는 것은 배울 수 있다. 또한 통찰과 목적이 저절로 드러나는 경험들에 시선을 돌릴 수도 있다. 그러한 경험을 할 수 있는 것이 적어도 일곱 가지는 있다고 본다. 천재성을 인식하는 동안 탐색했던 경험의 광장과 마찬가지로, 이들도 중요한 단서를 담고 있기에 탐색해 볼 필요가 있다.

- ★ 강렬한 감정
- ★ 다른 사람들이 당신에게 부탁하는 것
- ★ 예기치 않은 경험과 전환점
- ★ 당신이 겪은 고통
- ★ 명상과 기도
- ★ 집안 내력
- ★ 머릿속에 맴도는 생각

강렬한 감정

아조파디가 그에게 건네진 봉투를 받아 든 것은, 몰타에서 방치된 장애 아동과 그 가족들에 대한 강렬한 느낌을 오래전부터 경험한 탓도 있다. 강렬한 감정을 통해 목적을 간파하면, 부득이한

★ ★ ★ ★ ★ ★ ★ ★ ★ ★
적용하기 18 〉〉〉
당신의 목적에 대한 단서로 강렬한 감정을 탐색하기.
◐ p.257

부정적 사건들로 인해 흔히 생길 수 있는 피해 의식을 예방하거나 최소화시켜 주고, 창의적인 행동으로 나아갈 수 있다.

다른 사람들이 당신에게 부탁하는 것

토니는 마흔둘이 돼서 20년 결혼 생활에 종지부를 찍었다. 그렇지만 이혼으로 크나큰 정신적 충격에 휩싸였다. 토니의 말을 빌면, "저는 아내요, 엄마로 완벽하게 프로그램된 사람이었어요. 게다가 배턴루지 출신의 가톨릭교 여성들은 절대 이혼하지 않아요."

토니는 이혼과 사별 등 힘든 일로 고통을 겪는 사람들을 돕는 데 주력하는 상담소에 도움을 구했다. 상담받는 동안, 토니는 프로그램된 모든 생각에 의문을 제기하고 본래의 자신을 찾도록 안내받았다. 토니는 이렇게 회상한다. "저는 제 자신에게 '내가 정말로 좋아하는 색은 무엇인가?' 혹은 '내가 정말로 좋아하는 음악은 무엇인가?' 같은 단순한 질문을 포함하여 수많은 질문을 던졌어요."

토니가 이 힘든 시기를 겪고 난 뒤에, 상담소를 운영하는 사람들이 그녀의 강점과 기술, 결단력, 공감 능력을 높이 사서 상담원으로 봉사해 달라고 부탁했다. 말하자면, 아조파디의 문 앞에서 기다렸던 여성처럼 이 사람들은 토니에게 봉투를 내민 셈이었다. 15년 후, 토니는 과도기를 겪는 사람들에게 상담해 주고, 워크숍을 주재하는 등 활발하게 활동하고 있다. 토니는 다른 사람들이 진정한 자

★ ★ ★ ★ ★ ★ ★ ★ ★
적용하기 19 〉〉〉
다른 사람들이 당신에게 부탁하는 것을 탐색함으로써 당신의 목적에 대한 단서를 찾기.

● p.258

아를 파악하도록 돕고 가난한 사람들을 위해 봉사하려는 목적을
이루고 있다.

예기치 않은 경험과 전환점

토니는 예기치 않게 이혼의 아픔을 겪었지만, 그 이혼이 오히
려 인생의 중요한 전환점이 되었다. 앨런 역시 비슷한 경험을 했
다. 회사에서 해고당한 것이다. 그는 해고된 후에 깊은 자기 성찰
에 돌입하였고, 이를 통해 인생의 중요한 전환점을 맞이했다.

앨런은 이렇게 고백한다.

"실제로는 제가 제 자신을 해고한 셈입니다. 어떤 고용주라도
저를 그냥 둘 수 없게 만들었으니까요. 저한테 전혀 맞지 않는 일
이었으니 저도 어쩔 수 없었습니다."

자기를 돌아보며 반성하는 동안, 앨런은 자신의 이력을 곰곰
이 생각했다. 그리고 그 일의 성격에 대해 전문가와 진지하게 상담
했다. 앨런은 이러한 일련의 경험과 자기반성을 통해 경력자들을
위한 커리어 관리와 소개를 해주는 회사를 운영하게 되었다.

예기치 않은 경험이 모두 인생의 전환점이 되는 것은 아니다.
아조파디는 봉투를 거절할 수도 있었다. 토니는 상담원으로 봉사
해 달라는 요청을 거절할 수도 있었다. 앨런은 피해 의식에 사로잡
혀 상사를 비난하고 계속해서 이일 저일 전전할 수도 있었다.

★ ★ ★ ★ ★ ★ ★ ★ ★ ★
적용하기 20 〉〉〉
당신의 목적에 대한 단서로
서 예기치 않은 경험과 전환
점을 탐색하기.
〇 p.259

당신이 겪은 고통

빅터 프랭클의 의미치료 Logotherapy 는 나치 포로수용소에서 고통을 겪으면서 탄생했다. 프랭클은 아무리 큰 고통을 받아도 그 고통을 어떻게 대하느냐에 따라 삶의 의미를 찾을 수 있다고 믿었다. 그는 이렇게 적고 있다.

> 아무런 희망이 없는 상황에 직면하더라도, 또한 결코 바꿀 수 없는 운명에 처하더라도, 삶의 의미를 찾을 수 있다는 사실을 잊어서는 안 됩니다. 독특한 인간 잠재성을 최대한 입증하기 위해서 개인의 비극을 승리로, 개인의 곤경을 성공으로 전환해야 합니다.[19]

★ ★ ★ ★ ★ ★ ★ ★ ★
적용하기 21 〉〉〉
당신의 목적에 대한 단서로서 고통을 탐색하기.
➲ p.261

마야는 아동 학대 피해자이다. 어린 나이에 학대를 받았지만 마음속으로는 인생에 이런 것만 있지는 않을 것이라고 생각해 왔다. 마야는 마사지 치료사로서 사람들의 육체와 정신을 연결해 주려고 애쓰고 있다.

사람들은 고통을 겪으면 피해 의식에 사로잡히기 쉽다. 마야도 한동안은 그런 생각을 떨쳐 버릴 수 없었다. 그렇지만 치료사와 지원 단체의 도움을 받으면서 오랫동안 자신을 성찰한 후에 어린 시절 받은 고통에 대한 태도를 바꿀 수 있었다.

마야는 이렇게 말한다. "내 목적을 형성한 두 가지는, 아무리 힘들어도 이겨 내겠다는 용기를 꺾지 않은 점과 겉으로 드러난 것보다 더 깊은 삶의 의미를 추구한 점입니다."

부정적인 감정과 마찬가지로, 고통 속에서 목적을 간파하려면 분한 마음을 접고 창의적인 행동으로 나아가야 한다.

명상과 기도

릭 워런은, 우리가 목적을 찾으려고 고심하다 보면 추측하고 이론화하면서 깊이 성찰하게 된다고 적고 있다. 워런이 성찰의 대안으로 제안한 것은 바로 계시이다. 그는 그리스도에 대한 믿음 속에서 그 계시를 구한다.

★ ★ ★ ★ ★ ★ ★ ★ ★
적용하기 22 〉〉〉
당신의 목적에 대한 단서로 명상과 기도를 탐색하기.
◐ p.262

랍비인 잘만 샤흐터 샬로미는 60이 다 된 나이에 40일 동안 묵상 기도를 드리다가 자신의 말년을 어떻게 보내야 할지 계시를 받았다. 그는 묵상 기도를 하면서 '노년의 비전'을 품었고, 후에 '노령 연구소Spiritual Eldering Institute'를 설립하였다. 이 연구소는 영문 이름처럼 정신적으로 숭고하고 슬기롭게 나이 먹는 방법을 연구하는 곳이다.[20]

앨런은 해고당한 뒤에 집 근처에 있는 강둑으로 자주 산책을 나갔다. 6개월 동안 거의 매일 강둑을 거닐었다. "내 목적을 간파하기 위해서 마음을 차분하게 가라앉혀야 했습니다. 그래야 내 속에서 나오는 희미한 목소리를 들을 수 있으니까요. 다음에 무엇을 해야 할지 알려 줄 그 목소리를 말입니다. 강가를 거닐면서 나뭇가지를 물에 던졌습니다. 나뭇가지가 떠내려가는 모습을 보는 것이 일종의 명상이었죠.”

여러 가지 메시지를 통해 당신의 목적을 간파할 수 있지만, 마음을 차분히 가라앉히는 식으로 명상에 잠기는 것도 매우 중요하다. 마음이 혼란하면 계시를 받을 수 없다. 아조파디의 목적은 그에게 직접 건네졌다. 그렇지만 대부분의 경우, 그러한 부르심은 그렇게 노골적이거나 극적이지 않다. 마음을 진정하고 귀 기울여 잘 들어야 한다.

집안 내력

몇 년 전, 여동생과 나는 어머니날을 기념하여 70이 넘은 노모를 모시고 점심을 먹었다. 한창 식사 중에 어머니가 뜬금없이 내게 물으셨다.

“요새도 그림을 그리니?”

거의 25년 동안 그림에는 손도 안 대고 살았는데, 내가 아직도 그림을 그린다고 생각하시는 게 놀라웠다.

“네가 할아버지와 삼촌의 뒤를 이어서 그림을 그렸으면 좋겠다고 늘 생각해 왔단다.”

어머니가 슬픈 목소리로 말씀하셨다.

할아버지는 체신부에서 은퇴하신 뒤로 유화를 그렸다. 서부소설의 새로운 장을 연 제인 그레이의 소설에 등장하는 서부의 모습을 주로 그렸고, 가끔은 항구와 항구에 정박해 있는 선박의 생생한 유화를 창작했다. 삼촌은 그래픽 아티스트였다. 사실, 내 이름은 삼촌 이름을 딴 것이다. 나는 고등학교를 졸업하고 4년 동안 삼촌의 일을 도우며 밤에는 미술 학교에서 광고 디자인을 공부했다. 그 과정에서, 내가 그림보다는 사람에 더 흥미를 느낀다는 것을 알게 되었다. 그래서 일을 그만두고 대학에 들어가 심리학을 공부했다. 그후로 미술 도구에는 손도 대지 않았다.

표면적으로, 나를 화가로 키우려던 어머니의 열망은 충족되지 못한 것 같다. 그렇지만 여기에 내 목적에 대한 단서가 놓여 있다. 나는 첫 책인 《절묘한 작업Artful Work》을 집필할 때, 나도 모르게 과거에 미술 수업을 받던 때를 떠올렸다. 책에는 화가 및 경영 컨설턴트로서의 내 경험이 고스란히 녹아 있다. 예술적 기교와 업무를 통합하려는 시도였다. 결국, 화가로 활동하던 시절의 경험은 다른 사람들이 기교를 발휘하도록 이끄는 토대가 되었다.

마야 역시 어린 시절 학대 경험을 자신의 목적을 찾는 토대로 보았다.

레드필드는 목적에 대한 단서로서 집안 내력을 활용하는 다른 방식을 소개한다. 그는 "목적이란 진실을 발견하는 것과 관련된 영적인 경로이다"라고 적고 있다. 여기서 진실은 부모가 자식에게 품은 믿음을 통합한 것임은 말할 나위가 없다. 레드필드의 소설 속 주인공은 성스러운 원고를 찾아 나섰다가 도중에 칼 신부를 만난다. 칼 신부는 그에게 이런 말을 들려준다.

★ ★ ★ ★ ★ ★ ★ ★ ★
적용하기 23 》》》
당신의 목적에 대한 단서로
집안 내력 탐색하기.
● p.236

우리는 부모에게서 단순히 신체만 물려받은 것이 아니라 정신까지 물려받았습니다. (……) 당신의 진정한 자아를 발견하려면, 그들의 진리 가운데서 당신이 시작되었음을 인정해야 합니다. 당신이 그 자리에 태어난 것은, 당신의 부모가 나타내는 것보다 더 높은 미래를 달성하기 위함입니다.[21]

레드필드의 주인공은, 아버지의 삶은 자신의 생명을 강화해 주었고 어머니의 삶은 희생과 봉사로 이루어져 있다고 생각한다. 그는 어떻게 하면 부모의 삶을 포함하는 삶을 살 수 있을까를 고민했다. 칼 신부는 그에게 태어나서부터 일어났던 일들을 자세히 살펴보라고 말한다. "태어나서 지금까지 당신의 삶을 하나의 이야기로 바라본다면, 당신이 품은 의문을 어떻게 풀어야 할지 알 수 있을 겁니다."[22]

머릿속에 맴도는 생각

토니는 기존의 틀에서 벗어나서 노인들에게 새로운 삶을 살 수 있도록 도와줄 방법을 늘 고민했다. 한 번은 수도원에서 주최하는 주말 묵상회에 참여했다. 그때의 경험을 친구들에게 이야기했더니, 다들 종교적인 분위기가 꺼려지기는 해도 그와 유사한 경험은 하고 싶다고 말했다.

토니는 묵상 센터로서도 활용할 수 있는, 노인들을 위한 집단

★ ★ ★ ★ ★ ★ ★ ★ ★ ★
적용하기 24 〉〉〉
당신의 목적에 대한 단서로서 머릿속에 맴도는 생각을 탐색하기.
✪ p.264

거주 시설을 위한 세계적인 네트워크를 형성하고 싶다는 생각이 머리에서 떠나지 않았다. 노인들이 직접 센터를 관리하고 운영할 수 있는 그런 자립형 센터를 꼭 세우고 싶었다. 묵상회를 안내하는 우편물을 받거나 홀로 사는 나이 든 친척을 방문할 때마다 이러한 생각이 떠올랐다. 이러한 아이디어가 수년 동안 토니를 괴롭혀서, 이제는 어떤 식으로든 행동에 옮겨야겠다고 마음먹었다.

앨런은 수년 동안 책을 써야겠다고 생각해 왔다. 책의 주제와 내용도 이미 정해 놨다. 머릿속에 맴도는 아이디어가 점점 더 강해져서, 일을 잠시 쉬고라도 책을 써야겠다고 결심했다.

올바르게 파악하기

목적을 찾다 보면 천재성에 대해 물었던 것과 같은 의문이 머릿속에 떠오른다.

"내가 목적을 올바로 파악했는지 어떻게 알지?"

그 대답은 똑같다. 당신이 올바르게 파악했다면, 그것이 옳다는 것을 바로 알 수 있다. '아하!' 체험과 펠트 센스를 맛볼 수 있을 것이기 때문이다.

더 나아가, 당신의 목적이 천재성을 표현하는 수단이며, 이제까지 살아온 삶은 목적을 드러내기 위해 준비하는 기간이었다는 사실도 알 수 있을 것이다.

★ ★ ★ ★ ★ ★ ★ ★ ★ ★
적용하기 25 • 26 〉〉〉
당신의 목적에 대한 추가 단서를 탐색하기.
◑ pp.265, 266

Chapter 8 ★

당신의 본성을 조율하라

직면한 모든 것을 바꿀 수는 없지만,
직면하기 전에는 아무것도 바꿀 수 없다.
– 제임스 볼드윈

★ ★ ★ 성경에 나오는 달란트 비유는 여행을 떠나려는 주인이 세 명의 종에게 '달란트talents'라는 큰돈을 맡기는 이야기로 시작된다. 주인은 능력에 따라 첫 번째 종에게는 다섯 달란트를, 두 번째 종에게는 두 달란트를, 세 번째 종에게는 한 달란트를 각각 나눠 주었다. 다섯 달란트를 받은 종과 두 달란트를 받은 종은 그 돈을 두 배로 불렸다. 한 달란트를 받은 종은 그 돈을 땅에 묻어 두었다. 여행을 마치고 집으로 돌아온 주인은 첫 번째 종과 두 번째 종이 각자의 달란트를 두 배로 불린 것을 알고는 두 종을 크게 칭찬하며 높은 자리에 앉혀 주었다. 두 종은 이제 많은 일을 관장할 수 있게 되었다. 반면 한 달란트를 땅에 묻어 둔 세 번째 종에게는 '악하고 게으른 종'이라 책망하며 그에게 주었던 한 달란트를 빼앗고 '어두운 곳'으로 쫓아 버렸다.[1]

성경학자들은 달란트를 우리에게 맡겨진 사회적 책임이나 소명이라고 해석하며 이 달란트 비유를 통해 많은 교훈을 주려고 한다. 하지만 내가 이 비유를 통해서 당신에게 맡겨진 달란트를 책임지지 않으면 위험에 빠질 거라고 주장하려는 것이 아니다. 이 비유에서 설명한 바에 따르면, 당신의 천재성과 목적이 바로 달란트이다. 이 달란트는 당신이 인정하는 더 높은 위치의 권위자가 당신에게 맡긴 보물이다. 당신은 공동체 안에서 그 권위자와 공동체와 당신 자신을 위해서 이 보물을 사용해야 한다.

이 비유는 당신이 짊어져야 할 세 가지 책임을 강조한다. 첫째, 당신의 천재성을 인식하고 길러야 한다. 둘째, 당신의 목적을 간파하고 실행해야 한다. 셋째, 당신의 천재성이 목적에서 벗어나지 않도록 조준하는 도구로서 당신의 본성을 조율해야 한다.

나는 '본성self'이라는 말을 광범위하게 사용한다. 당신 자신이 누구인지, 세상이 어떻게 돌아가는지, 그리고 세상에서 당신의 위치는 무엇인지에 대해 당신이 아는 모든 것을 총칭하는 말로서 포괄적으로 사용한다. '본성' 대신 '개성'이나 '기질'이라는 말을 쓸 수도 있다. 영혼과 천재성을 담고 있는 정신적 측면과 구별하여, 본성을 당신이라는 존재의 심리적 측면이라고 생각해 보라. 자기에게 맡겨진 것을 이용하여 풍성한 열매를 수확한 두 종과 그렇지 못한 종 사이의 결정적인 차이가 바로 이 본성이다.

본성은 당신이 세상을 살아가면서 당신의 영혼과 천재성을 둘

★ ★ ★ ★ ★ ★ ★ ★ ★
적용하기 27 〉〉〉
당신의 천재성을 목적에 맞게 발휘하도록 당신을 촉진하거나 방해하는 성향을 조사하기.

● p.268

러싼 외피이다. 일종의 피부나 조가비, 혹은 겉껍질이라고 볼 수 있다. 그 외피는 당신의 천재성의 에너지를 당신의 목적에 맞게 발휘하는 과정을 촉진해 준다. 말하자면 당신이 매사를 긍정적이고 낙천적으로 바라볼 수 있다면 성공할 가능성이 더 커진다. 그렇지만 그 외피가 천재성을 제대로 발휘하지 못하게 간섭하거나 방해할 수도 있다. 매사에 늑장부리거나, 스스로를 좋은 사람이 아니라고 생각하거나, 제대로 교육받지 못했다고 자책하거나, 실패나 성공을 두려워하거나, 당신 자신을 돌보지 않거나, 타인을 돌보려 하지 않는 성향 등은 모두 당신을 궤도에서 벗어나게 하고 심지어는 깊은 수렁에 빠뜨리기도 한다.

1장에서 살펴본 도식에서 당신의 본성을 직선 화살표로 나타냈다. 이는 천재성의 에너지가 목적을 향해 직행하는 것을 보여 준다. 실상, 이것은 열망하는 이상적인 형태를 나타낼 뿐, 이렇게 작동하지 못할 때가 많다.

당신의 천재성을 일에서 발휘하기 위해 필요한 복잡한 요소가 하나 더 있다. 천재성을 인식하고 목적을 간파하는 것만으로는 충

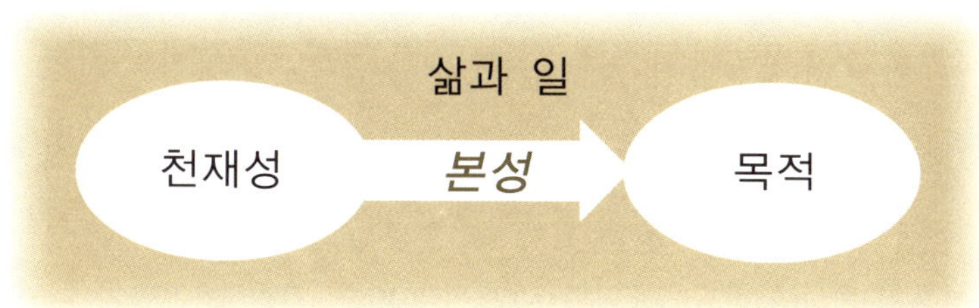

분하지 않다. 모든 내용을 총망라하는 또 다른 문제가 있다. 정신 분석학자, 심리학자, 철학자, 상담자, 교육자, 성직자, 신학자, 현인 등 수많은 사람들이 그 문제를 놓고 수세기에 걸쳐 논의를 거듭해 왔다.

당신만의 대답 찾기

그 모든 것을 어떻게 총망라할까? 이 혼란스러운 시대에, 때로는 당신을 삼켜 버릴 것 같은 복잡한 세상에서, 당신의 삶을 이끌어 가고 또한 당신의 천재성과 목적과 본성과 일을 어떻게 조절할 수 있을까? 모든 사람들에게 딱 들어맞는 대답은 없다. 다만 모든 사람들이 처리해야 하는 도전이 있을 뿐이다.

라이너 마리아 릴케는 한 젊은 시인에게 이렇게 말했다.

젊은이여, 마음속에 풀리지 않는 문제가 있다면 인내하십시오. 질문 자체를 사랑하려고 노력하십시오. 그 질문이 꼭꼭 잠겨 있는 문이나 이질적인 언어로 쓰인 책이라고 생각하십시오.[2]

나는 이 책에서 네 가지 질문을 내놓았다. 그 네 가지 질문이 한 세트로 혹은 따로따로 많은 사람들에게 유익하다는 것이 이미 입증되었다. 첫째, 당신의 천재성은 무엇인가? 둘째, 당신은 천재성을 발휘하고 있는가? 셋째, 당신의 목적은 무엇인가? 넷째, 당신은 목적에 맞게 천재성을 발휘하고 있는가?

아직 이들 질문에 대한 답을 내놓지 못했다면, "질문 자체를 사랑하라"는 릴케의 조언에 귀를 기울여 보라. 마음속에서 그 질문들을 굴려 보고 뒤집어 보되, 그 답이 당신의 가슴과 정신에 가까이 있음을 인식하라. 때로는 그 답을 쉽게 찾을 수도 있지만, 때로는 뜬구름 잡는 것처럼 얻기 어려울 수도 있다. 아주 놀라운 것일 수도 있고, 필요하다고 생각될 때 떠오르지 않을 수도 있다.

나는 이 마지막 장에서 몇 가지 이야기를 더 들려줄 것이다. 천재성과 목적, 본성, 삶과 일, 그리고 네 가지 핵심 질문에 답하기 위해서, 오랫동안 삶의 이러한 측면을 심사숙고했던 사람들에 대한 이야기이다. 내가 이들의 이야기를 들려주는 이유는, 다른 사람들이 이러한 질문에 대해 어떻게 답을 찾았는지 보여 주기 위해서이다. 이 책에서든 아니면 다른 책에서든 복잡하게 얽혀 있는 본성을 완벽하게 탐색하기란 불가능하겠지만, 나는 본성의 세 가지 측면만은 꼭 조명해 보고 싶다. 그 세 가지 측면은 책임과 자각과 용기를 포함한다. 이 세 가지 자질을 개발한다면, 당신은 확고한 기반을 다질 수 있을 것이다. 다음의 도식p.168 상단에서 보여 주는 것처럼 이 기반 위에서 당신의 천재성과 본성과 목적이 온전히 활기를 띨 수 있다.

목적을 간파하는 과정

바네사는 대학에서 경영 정보 시스템을 공부한 뒤 대기업에 취직했다. 하지만 도무지 일이 마음에 들지 않았다. 매니저들은 그녀에게 개발해야 할 일을 말해 주었지만, 바네사는 "도대체 저 일을 왜 하는 거지? 왜 그것을 이런 식으로 하지 않는 걸까?"라는 의문이 자주 들었다. 그러다가 누군가가 그녀에게 "당신은 비즈니스 개발자보다는 비즈니스 분석가가 되는 게 낫겠어요"라는 말을 했다. 바네사는 이 말을 듣고 무척 당황했지만, 한편으로는 새로운 커리어를 쌓을 수 있는 가능성을 찾았다.

바네사는 조직 내 기술 인력들이 비기술 인력들과 의사소통을 원활히 하도록 돕는 일을 하게 되었고, 그 일이 무척 마음에 들었다. 덕분에 여러 가지 프로젝트를 이끌었고 많은 경험을 쌓을 수 있었다. 바네사는 남편과의 사이에 두 아들을 두고 있다. 육아와 일을 병행하려니, 자기 사업체를 운영하면 시간을 더 잘 활용할 수 있을 거라는 생각이 들었다.

"그렇게 해서 계약 프로젝트 매니저가 탄생한 것이죠"라고 바네사는 말했다.

그후 바네사는 새로운 사실을 깨닫게 되었다. 바네사의 표현을 빌면, "기술 분야 종사자들은 사람들이 어떻게 변하는지에 대한 개념이 부족합니다. 그래서 그들이 직면하게 되는 조직 내 장애물을 어떻게 타파할지 모릅니다."

이러한 깨달음 덕분에 또 다른 커리어를 쌓게 되었다. "저는 기술적인 프로젝트에서 인간적인 측면을 발휘하는 방법을 알아내고 싶었어요. 그래서 제가 운영하던 사업체를 잠시 떠나서 다시 누군가를 위해서 일하게 되었습니다."

대학을 졸업한 뒤, 세 직종에서 일하고 자신의 사업체까지 꾸려 본 바네사는 자기가 하는 일의 목적을 간파하였다. 그 목적은 바로 인간의 관심사를 기술적인 일에 적용하는 것이다.

책임

바네사의 이야기는 목적을 향한 탐색을 보여 준다. 하지만 그 안에는 또 하나 중요한 메시지가 들어 있다. 바로 책임이다. 당신은 당신의 현재 모습과 앞으로 될 모습을 책임질 뿐만 아니라 당신의 천재성과 목적 그리고 때로는 귀찮게 참견하는 본성을 관리할 책임도 져야 한다. 이는 이 세상에서 당신이 어떠해야 하는지를 심사숙고하여 행동하는 것과 관련된다. 당신은 주변 환경을 어떻게 구성해야 좋을지 잘 판단해야 하며, 당신이 지각하는 대로 현실이 돌아간다는 것을 이해해야 한다. 또한 당신 자신이 본성의 당사자이며, 당신의 느낌과 생각, 믿음, 지각, 행동의 창조자라는 것을 이해하고 받아들여야 한다.

책임을 진다는 것은 남의 탓을 하는 것과 대조된다. 이 사회에서는 책임지며 사는 일이 결코 쉽지 않다. 우리는 흔히 누가 잘못한 것인지 따진다. 다른 사람이든 운이든 운명이든 자신의 외부에 비난의 화살을 돌린다. 만일 그렇지 않을 때는 그 화살을 우리 자신에게 겨눈다. 그런데 책임은 비난의 화살을 어디에도 겨누지 말라고 요구한다.

당신이 책임지면, 당신의 현재 모습, 현재 하는 일, 현재 가지고 있는 것이나 느끼는 것에 대해 다른 사람이나 운이나 운명을 탓하지 않는다. 또한 당신 자신을 비난하는 것도 삼간다. 자신의 삶에 대해 기여하는 바와 주어진 여건에서 수없이 선택하는 것을 스스로가 잘 안다. 당신의 천재성과 목적의 정교한 도구가 되기 위해 당신의 본성을 조율한다. "무슨 일이 일어났지? 현재 상황은? 내가 어떻게 기여했지? 나는 이 일로 무엇을 배워야 하나? 다음에는 무엇을 하지?" 등과 같은 질문을 수없이 되뇐다. 비난하지 않는다고 해서 어떤 행동이든 처벌받지 않고 넘어가도 된다는 말은 아니다. 책임 있게 살고 싶다면 비난의 원천인 피해 의식을 버려야 한다.

이렇게 책임지는 태도를 취할 때, 당신 자신이 희생당했다는 느낌에서 벗어날 수 있다. 물론 당신이 희생당했을 수 있지만, 당신 스스로 희생자처럼 생각하고 느끼고 행동하는 것을 거부할 것이다. 빅터 프랭클은 이렇게 썼다.

"가령 수술 불가능한 암처럼 치료할 수 없는 질병을 생각해 보라. 이처럼 어떤 상황을 절대로 바꿀 수 없을 때는 우리 자신을 바꿔야 한다."[3]

우리는 대부분 우리가 자초한 상황에서도 번민에 휩싸인다. 우리가 괴팍하고 짓궂은 찰리 삼촌을 찾아가는 것은 한편으로 그가 안됐다는 생각이 들기 때문이다. 그렇지만 삼촌을 만나고 나면 차라리 다른 곳에 갔더라면 하고 생각한다. 우리는 상사에 대한 보고서를 작성하지만 아무도 그것을 읽지 않을 거라는 걸 알고 있다. 작성하면서도 차라리 다른 일을 할걸 후회한다. 우리는 자동차 수리공이 차의 시동을 걸어 주러 얼른 와주기를 절망적으로 기다리면서 텅 빈 주차장에서 하염없이 기다린다. 그러면서 그곳이 아닌 다른 곳에 있기를 간절히 바란다.

이러한 상황에서, 우리는 시간을 도둑맞았다는 느낌을 받는다. 우리가 처한 상황이 우리의 것이 아닌 것처럼 느낀다. 그렇지만 이러한 느낌은 착각이다. 만족스럽지 않은 방식으로 그 순간을 사용하기로 선택했다 하더라도 그 순간은 우리의 것이다. 찰리 삼촌을 방문하거나 보고서를 쓰거나 주차장에서 기다리기로 결정한 사람은 어쨌든 우리 자신이다. 우리에게는 항상 대안이 있다. 우리가 내린 결정을 인정해야 책임지는 태도를 견지할 수 있다.

그렇다고 우리가 찰리 삼촌을 절대 방문해서는 안 된다는 건 아니다. 우리가 가기로 선택했다면 가야 한다. 선택했기 때문에 그 자리에 있다는 것을 숙지해야 한다. 우리가 그 경험을 싫어한다 해도, 찰리 삼촌이 아무리 괴팍하게 군다 해도, 삼촌을 비난하지는 말자. 내가 여기서 예로든 찰리 삼촌은 어떤 것을 성가시게 요구하는 사람들을 빗대서 부른 이름이다.

우리는 흔히 훨씬 더 곤란한 상황을 피하기 위해 어떠한 일을 한다. 예를 들어 우리가 찰리 삼촌의 괴팍함을 참아 내는 것은 찰리 삼촌을 보러 가지 않았을 때 느끼는 죄책감을 피할 수 있기 때문이다. 그러니 이제는 인정하자. 죄책감에 대한 정당한 거래로서 불쾌함을 감내하기로 선택한 것이다. 그런 불쾌함을 감내해야 한다는 것을 알면서도 찰리 삼촌을 방문했다. 좋다! 적어도 우리가 그 사건에 참여하게 된 이유는 분명히 알았다. 우리 자신에게 솔직하며, 우리 자신을 책임지고 있다.

우리가 누군가를 혹은 무언가를 비난할 때, 그것이 누구든 혹은 무엇이든 간에 그 비난의 대상은 실제보다 과장된다. 찰리 삼촌은 괴물 고질라가 된다. 비난의 대상은 대개 마음속에서 실제보다 더 큰 공간을 차지한다. 우리는 끊임없이 그것에 대해 생각하고 떠벌린다. 더 좋은 곳에 사용할 수 있는 정신적, 감정적 공간을 비난의 대상으로 채워 버린다.

물론 크다는 것은 상대적이다. 이런 식으로 정신적, 감정적 공간을 사용하면 피해 의식이 훨씬 커진다. 반면에 그에 대한 책임 의식은 줄어든다. 다른 사람들, 운, 운명 따위를 비난하려는 충동은 책임을 모면하려는 신호이다.

비난은 우리가 피하고 싶어 하는 내적 갈등의 결과이다. 찰리 삼촌을 방문하지 않으면 우리는 죄책감을 느낄 것이다. 그렇지만 찰리 삼촌을 방문하면 화가 치민다. 갈등은 우리와 관련된 것이지, 찰리 삼촌과 관련된 것이 아니다. 방문하지 않는 데 따른 죄책감을 포기하거나 방문해서 화가 치미는 것을 포기하거나 둘 중 하나다. 어쨌든 간에 그러한 죄책감과 분개의 씨가 정신 속에 묻혀 있다. 차라리 아무것도 신경 쓰지 않고 나 몰라라 하는 본성의 측면을 파헤쳐야 할지도 모른다. 그래서 그러한 씨를 피하려는 시도를 통해 찰리 삼촌을 비난하고 그 과정에서 우리 자신의 책임을 회피한다.

바네사는 시스템 개발 분야에서 받은 훈련이 일에서 만족스러운 결과를 주지 못해 당황했지만, 그에 멈추지 않고 자신의 일을 새롭게 고쳐 나갔다. 바네사는 기술 분야 종사자들 사이에서 사람들이 어떻게 변하는지 잘 알지 못한다는 사실을 알고서, 그 문제를 더 탐색하기 위해 운영하던 사업체를 떠났다. 그녀가 상황을 바꿀 수 없을 때는 그녀 자신을 바꾸려고 도전했다. 당신이 책임을 져야 하는 위치에 오르면, 문제가 오히려 기회의 씨가 되기도 한다.

한 친구가 아는 사람에 대한 슬픈 이야기를 들려주었다. 50세

★ ★ ★ ★ ★ ★ ★ ★ ★
적용하기 28 〉〉〉
비난을 양산하는 내적 갈등을 조사하기.
◐ p.269

쯤 된 그 남자는 대기업에서 중간 관리자급이다. 그 남자가 앞이 창창한 매니저 시절, 아주 멋진 아이디어가 떠올랐다. 시기적으로 민감한 사안이어서 윗사람에게 언제 알려야 할지 저울질하고 있었다. 마침 회사 내 고위 임원과 출장을 갈 기회가 생겼다. 그 중역과 옆 자리에 앉아서 갈 거라는 이야기를 듣고 자신의 아이디어를 소개할 절호의 기회라고 생각했다. 그런데 막상 비행기에 타고 보니, 그 중역과 자기 사이에 다른 사람이 앉아 있는 것이 아닌가! 남자는 자신의 아이디어에 대해 한마디도 떼지 못했다. 현재 그는 회사에서 15층에 있는 사무실을 차지하고 있지만, 그때 자리 배치에서 조금만 더 운이 좋았더라면 지금쯤 더 높은 층에 올라갔을 거라고 확신한다. 당신의 천재성과 목적을 책임지고, 당신 자신을 조율할 책임을 진다면, 그 남자처럼 되는 걸 피할 수 있을 것이다.

확고한 펠트 센스

바네사는 다시 자신이 운영하던 사업으로 돌아왔다. 그리고 1년 넘게 자신의 천재성에 맞는 이름을 찾았다. 어떤 순간에는 맞는 이름을 찾았다고 생각했지만, 시간이 지나면서 '관계 맺어 주기'라는 이름이 어쩐지 맞지 않는 것 같았다. 그녀의 천재성에는 무언가가 더 있는데, 도무지 무엇인지 포착할 수가 없었다.

바네사는 동료와 자신의 천재성에 대해 의논하다가 '본질 비춰 주기'라는 이름이 퍼뜩 떠올랐다. 바네사는 동료에게 이렇게 말

했다. "실제로 내가 관계를 맺어 주는 것 같지는 않아요. 그보다는
관계에 빛을 비추는 것 같아요. 관계만 중요한 게 아니에요. 본질
역시 중요하죠. 어떤 관계든 그 속에 담긴 사람들의 본질이 중요해
요. 때로는 어떤 문제의 본질이, 때로는 그룹 차원에서 전체적인
문제의 본질이 중요해요."

그 당시에 바네사는 이 이름이 꼭 맞는다고 여기고 기념으로
팔찌까지 구입했다. 하지만 몇 주 지나자 의식의 끝자락에서 뭔가
가 거슬리기 시작했다. 이름이 맞지 않다는 생각이 들었지만, 올바
른 이름을 찾지 못한 것을 두고 크게 속상해하지는 않았다.

"나는 내 삶과 일에서 내 천재성을 잘 발휘하고 있습니다. 그
것을 꼬집어서 정확하게 나타내지는 못하지만 말입니다. 맞는 이
름을 찾아야 한다는 압박을 느낄 때도 있습니다. 그래야 나를 더
견고하게 해줄 것 같으니까요. 그렇지만 보통 때는 그렇게 신경 쓰
지 않습니다. 나는 이미 자신감에 차 있습니다. 또한 아직 이름을
붙이지는 못했지만 내 천재성이 잘 작동되고 있다고 확신합니다.
다른 사람들과 함께 있을 때 아직도 그 팔찌를 찹니다. 그만큼 내
게 큰 의미가 있는 물건이니까요."

바네사는 천재성에 맞는 이름을 찾지는 못했지만, 더 중요한
펠트 센스를 맛보았다. 바네사는 이렇게 덧붙였다. "나는 내가 하
는 일이 가치 있다는 사실을 잘 알고 있습니다."

자각은 본성의 또 다른 측면으로, 당신의 천재성과 본성과 목적이 활기를 띠게 되는 토대를 형성하는 데 일조한다. 자각을 잘 개발하고 멋지게 조율하면, 다방면에 영향을 미친다. 당신의 신체적, 지적, 감정적, 영적 웰빙에 기여한다. 가령 당신이 관여하는 사람들, 당신이 참여하는 활동, 당신이 살아가는 환경과 근무 환경 등 삶의 모든 측면을 보살펴 준다. 당신의 본성과 삶과 일의 여러 측면 중에서 당신의 천재성과 목적을 키워 주고 지원해 주는 것과 그렇지 못한 것을 미리미리 귀띔해 준다.

★ ★ ★ ★ ★ ★ ★ ★ ★
적용하기 29 〉〉〉
당신의 자각을 개선하기.
◐ p.270

바네사는 멋지게 조율된 자각 덕분에 첫 직업에서 느꼈던 불만을 일찍 감지할 수 있었다. 육아와 일을 병행하고 싶은 욕심을 채울 수도 있었다. 또한 자신의 목적을 다른 방식으로 추구하고 싶었을 때 사업체를 잠시 접어야 할 필요성을 일찍 감지했다. 또한 '관계 맺어 주기'라는 이름이 자신의 천재성을 제대로 설명하지 못한다는 사실을 볼 수 있게 해주었다. 그 이름은 관계에 빛을 비춰 주고 싶은 그녀의 열망을 충분히 설명하지 못했다.

자신의 천재성을 '기회 극대화하기'라고 한 제이슨의 이야기는, 천재성과 목적을 책임지는 것이 자각을 향상시켜 주는 방법임을 알려 준다. 그는 여러 가지 일을 하지만, 무엇보다도 자신을 교사라고 생각한다.

"내 천재성을 알고 나니 내가 어떤 일을 왜 추구하는지가 명백해졌습니다. 나는 어떤 일에서 가능성을 보기 때문에 그 일을 합니다. 그리고 그 가능성을 실현하지 못할 때 좌절을 느낍니다. 그렇다고 모든 가능성을 다 시도하는 건 아닙니다. 그랬다가는 어떤 것도 극대화할 수 없으니까요. 천재성을 알고 나니, 내가 거두는 성공의 이유가 명백해졌습니다. 또한 어떤 일이나 관계, 문제에 접근하는 방식이 확실해졌습니다"라고 제이슨은 말했다.

제이슨은 또한 천재성을 알고 나서 부모 노릇에 대한 자각이 얼마나 커졌는지도 설명했다. "다른 사람들, 그러니까 함께 일하는 사람들이나 아내, 자식들을 보고 있노라면, 그들의 가능성이 보입니다. 그 가능성을 모르고 노력하지 않는 걸 보면 답답합니다. 제 딸들 중 하나는 공부를 통 안 합니다. 저는 매번 그러죠. '조금만 노력하면 네가 원하는 어떤 대학도 갈 수 있는데, 고작 만화나 보고 앉아 있니?' 그렇지만 그것은 제 문제입니다. 그런 딸애를 보면서 좌절을 느끼지만 별수 없어요. 내 천재성은 내 가능성을 최대화하는 것이지 딸애의 가능성을 최대화할 수는 없는 것 아니겠어요?"

자신의 천재성을 '항로 정하기'라고 했던 덴 역시 비슷한 일로 좌절을 겪었다. 10대 아들의 인생 항로를 정해 주려고 할 때마다 뜻대로 되지 않았다. 이러한 이야기는 우리의 타고난 재능이 다른 사람들에게 항상 환영받는 것은 아니라는 사실을 상기시켜 준다.

천재성을 인식하려는 도전을 시작하면, 두 가지 방식으로 자각을 키울 수 있다. 첫째, 겉으로 보기에는 전혀 관련되지 않은 일들을 연결할 수 있다. 예를 들어 제이슨은 요즘 골프에 한창 빠져 있다. "나는 서른 살이 되도록 골프채도 못 만져 봤어요. 그런데 요즘에는 골프장에서 살아요. 핸디캡 없이 칠 만한 수준에 도달했습니다. 내 안에 멋진 골퍼가 될 가능성이 있다고 생각합니다. 그것을 극대화하고 싶은 거죠." 제이슨은 기타, 밴조, 덜시머, 만돌린 같은 악기를 동생에게 주었다. 동생은 음악적인 재능을 타고났다. 제이슨은 이런 식으로 딸애에게 영향을 주려던 시도와 최근 골프에 푹 빠진 것, 동생에게 악기를 선물한 것 그리고 자신의 천직인 교직을 연결할 수 있다. 모든 것이 가능성을 극대화하는 것과 관련된다. 제이슨은 그 모든 것을 연결 지음으로써 견고한 정체감과 일체감이 생겼다. "이게 바로 나야!"라고 당당하게 주장할 수 있다.

당신의 천재성과 목적이 신에게서 받은 거라는 걸 인정하면, 삶의 영적 측면과도 연결되고, 그 영역에서의 자각도 당연히 커진다. 티아는 이렇게 말했다.

"내 천재성이 항상 나와 함께한다는 것을 알아요. 나는 그것이 거부할 수도, 피할 수도 없는 내 영혼의 에너지라고 믿어요."

따라서 약간의 자각으로도 천재성과 본성과 목적이 활기를 띠는 토대를 쌓아 올릴 수 있다. 그 과정에 본격적으로 뛰어들면 그에 대한 자각도 계속해서 커질 것이다.

용기

당신은 책임과 자각 외에 한 가지가 더 필요하다. 미래를 예측할 수 없을 때, 성공이나 실패 혹은 무능함에 대한 두려움 등으로 정신을 차릴 수 없을 때, 그리고 주체성을 확립하지 못하고 방황할 때, 언제든지 천재성과 목적에 일관된 방식으로 행동할 용기가 필요하다. 그런 점에서 나는 한 가지 이야기를 더 들려주고 싶다.

조이클린은 어렸을 때부터 아버지와 무척 가까웠다. 아버지는 석조 건축 일을 하는 분이었는데, 어린 딸이 작업실에서 노는 것을 좋아했다. 가끔은 작은 프로젝트를 집에 가져와서 딸과 함께 작업하기도 했다. 조이클린은 여섯 살 어린 나이에 벽돌을 깎고 다듬는 방법을 알았다.

조이클린이 고등학생이었을 때, 아버지는 건축 사무실을 운영했다. 그녀는 자주 사무실에 들러서 아버지가 예산을 뽑고 자재를 주문하고 고객들과 건축가들과 이야기하는 모습을 지켜보았다. 사무실의 그런 분위기가 좋아서 방과 후에나 주말에는 꼭 사무실에 들러 일을 돕기도 했다. 고등학교를 졸업한 뒤에 무엇을 할지도 미리 생각해 두었다. 그녀는 아버지 회사에서 일하다가 나중에는 자기 회사를 직접 운영해 볼 생각이었다.

조이클린이 고등학교 졸업반 시절, 갑자기 아버지가 돌아가셨고 큰오빠가 그 사업을 물려받았다. 조이클린은 자신도 회사에 참여하고 싶다는 뜻을 오빠에게 전했다.

★ ★ ★ ★ ★ ★ ★ ★ ★ ★
적용하기 30 〉〉〉
누가 당신의 천재성과 목적을 지원하는지 결정하기.

⊙ p.272

"여기서 일하다가 나중에는 사업체를 직접 운영하고 싶어요."

조이클린이 오빠에게 말했다. 하지만 오빠의 반응은 싸늘했다.

"안 돼. 너는 결혼해서 아이나 낳아서 키우면 돼."

다른 가족들도 모두 오빠의 말에 동의했다. 조이클린은 결혼했고, 태어나고 자란 동네를 떠나야 했다. 세 자녀를 두었지만 돈이 늘 빠듯했다. 그래서 바느질을 배워서 자녀들의 옷을 직접 지어 입혔다. 남편 옷은 물론 가끔은 친구들 옷을 수선해 주기도 했다. 예전에 벽돌로 건물을 짓던 원리를 알았던 것처럼, 옷 만드는 것도 잘 알게 되었다. 어떤 면에서는 두 일이 비슷하다는 생각을 하기도 했다.

조이클린은 여전히 자기 사업을 해보고 싶었다. 그래서 대학에 들어가 경영학을 공부해 볼까 알아보았다. 그렇지만 돈이 늘 부족해서 공부할 형편도 안 됐고, 남편도 탐탁지 않게 생각했다.

결혼하고 25년 후, 조이클린의 남편이 세상을 떠났다.

"남편의 장례를 치르고 나서 집 앞을 걸으며 생각했어요. '이젠 어떡하지?'"

대학 졸업장도 없고, 아무런 신용도 없으며, 고등학생 자녀를 둘이나 키워야 하는데 돈도 별로 없었다. 마흔셋 나이에 아무런 능력도 없는 자신에 대한 두려움이 엄습했다. 그러다 부모님 집에 가끔씩 청소하러 오던 여성이 문득 떠올랐다. 막다른 길에 서서 메마른 땅을 바라보며 스스로에게 물었다.

"내가 잘하는 일이 뭐지?"

그 답은 바로 옷이었다.

경영에 대해 아무것도 모른다는 두려움은 잠시 접어 두고 작은 옷가게를 시작했다. 다행히 장사가 잘 돼서 사업 규모가 점점 더 커졌다. 세 들었던 가게의 건물을 구입하고 아파트도 두 채나 장만했다. 조이클린은 당당히 성공한 사업가가 되었다.

조이클린은 목적에 대한 질문을 받고 이렇게 대답했다.

"나는 아버지가 하시던 일을 좋아했어요. 아버지는 사람들이 원하는 것을 창조적인 방식으로 그리고 큰 부담 없이 제공하셨죠. '벽돌로 된 벽을 원하신다고요? 적당한 가격에 멋진 벽을 지어 드리겠습니다.' 저도 마찬가지입니다. '옷이 필요하시다고요? 적당한 가격에 멋진 옷을 지어 드리겠습니다. 누구나 입는 그런 흔한 옷이 아닙니다.' 내가 파는 옷은 쇼핑몰에 흔히 걸린 그런 옷과는 다릅니다. 게다가 가격 부담도 없고요."

조이클린은 자신의 천재성을 '진리 형성하기'라고 부른다. 이 이름은 그녀에게 많은 의미를 던진다. '형성하기'라는 말에서 형型은 석공들이 기초 공사를 할 때나 재단사들이 옷의 형태를 잡기 위해 사용하는 틀이다. 그녀에게 '진리'라는 말은 '자연 그대로' 라는 말과 흡사하다. 벽돌은 천연 재료이다. 그녀의 의상실은 면이나 울, 실크 같은 천연 섬유로 만든 의류만 취급한다. 그녀는 손님들에게 자연스럽게 어울리는 옷을 권한다. 인생이란 진정한 본성을

★ ★ ★ ★ ★ ★ ★ ★ ★
적용하기 31 〉〉〉
당신의 용기를 조사하기.

◐ p.273

형성하기 위해 떠나는 긴 여정이라고 생각한다.

조이클린은 옷가게를 열겠다고 결심했을 때 어떤 심정이었는지 설명했다. "두려웠어요. 그렇게 두려웠기 때문에 내가 해야 할 일이라는 걸 알았죠."

용기는 두려움이 없다는 뜻이 아니다. 두렵지만 행동하는 것을 용기라고 한다. 두려움이란, 당신에게 도전할 것이 다가오고 있다는 단서이다. 나는 옛날에 누군가가 "통찰이야말로 진정한 변화라고 생각한다"라고 말하는 것을 들은 적이 있다. 그의 말인즉슨, 통찰은 통찰을 한 사람 안에서 변화를 일으킬 수 있다는 것이다. 그렇지만 그 통찰 덕분에 자신의 본성을 넘어서 어떤 변화를 가져오는 일을 수행할 때만 의미 있는 변화가 된다. 이때에는 용기가 필요하다.

앞부분에서 나는 용기를 낸 사람들의 이야기를 많이 언급하였다. 조이클린은 두려움을 무릅쓰고 사업을 시작했다. 마이클 아조파디는 자기에게 건네진 봉투를 받아 들고 쉰둘이라는 적지 않은 나이에 새로운 삶에 뛰어들었다. 마야는 성공적인 마사지 치료사가 되고 정신을 '기억하려는' 자신의 목적을 달성하기 위해 어린 시절 받은 학대를 이겨 냈다. 프란신은 일에 마음을 쏟기 위해서 비교적 안정되고 보수가 높은 직장을 떠났다. 바네사는 상사에게 자신의 일을 개혁하고 싶다고 과감하게 요청했다.

앨리샤는 5년 동안이나 끈질기게 천재성을 찾았다. 닐은 자신에게 붙인 부정적인 꼬리표에도 불구하고 '경로 탐색하기'라는 천재성을 고수했다.

진짜로 위험한 상황에서는 누구나 두려움을 느낄 수 있다. 그러한 두려움에는 당연히 대처해야 한다. 그렇지만 상당수의 두려움은 단지 마음의 상태를 반영하는 것이다. 당신의 천재성과 본성과 목적을 생기 있게 발휘하려면, "나는 할 수 없어, 그러면 안 돼, 내가 잘못한 거야, 나는 아무래도 충분하지 않아" 같은 두려움에 맞서야 한다. 용기 있는 사람인 엘리너 루스벨트 여사의 말을 빌면, "겁먹은 얼굴로 머뭇거려야 했던 경험들을 통해서 우리는 강인함과 용기와 자신감을 얻는다. 우리는 할 수 없다고 생각하는 그것을 해야만 한다."[4]

나는 당신이 천재성을 인식하고, 목적을 간파하며, 본성을 조율하고, 당신이 해야만 하는 일을 할 수 있기를 바란다. 그리고 당신이 "나는 목적에 맞게 내 천재성을 발휘하고 있는가?"라고 질문할 때마다, 늘 "그렇다!"라고 대답할 수 있기를 바란다.

★ ★ ★ ★ ★ ★ ★ ★ ★ ★
적용하기 32 〉〉〉
당신의 천재성과 목적과 본성에 대해 배운 것을 요약하고 다음 단계를 계획하기.
● p.274

2장

1. Plato, *Cratylus*. http://classics.mit.edu/Plato/cratylus.html에서 발췌.

2. Eugene Gendlin, *Focusing*(New York: Bantam, 1982), p.32.

3. Gendlin, *Focusing*, pp.33~40.

4. Werner Heisenberg, *Physics and Beyond: Encounters and Conversations*(New York: Harper Torchbooks, 1972), p.77.

5. Heisenberg, *Physics and Beyond: Encounters and Conversations*, p.77.

6. Heisenberg, *Physics and Beyond: Encounters and Conversations*, p.78.

3장

1. 이 구절은 클리블랜드에 위치한 "Gestalt Institute"의 연구자들에게 처음 들었다. 그들도 이 말이 어디서 나왔는지 알지 못했다. 작자 불명인 것 같다. 다만 마지막 네 줄은 매릴린 퍼거슨Marilyn Ferguson이 한 말이라는 설이 있다.

2. Marianne Williamson, *A Return to Love: Reflections on the Principles of "A Course in Miracles"*(New York: HarperColins, 1996).

4장

1. James Hillman, *The Soul's Code*(New York: Random House,

1996), p.7.

2. Hillman, *The Soul's Code*, p.11.

3. Plato, *The Republic*[《국가》], trans by H. D. P. Lee.
   http://www.classics.und.ac.za/Er%20Narrative. txt에서 발췌.

4. *The Catholic Encyclopedia.*
   http://www.newadvent.org/cathen/07049c.htm에서 발췌.

5. Hillman, *The Soul's Code*, p.7.

6. *New American Standard Bible*, 1 Corinthians 12:7 and 1 Peter
   4:10. [《표준새번역》 고린도전서; 베드로전서, 대한성서공회]

7. "Attaining True Simcha!" http://simcha.ilovetorah.com에서 발췌.

8. Lao Tzu, *Tao Te Ching*[《노자 도덕경》], trans by C. Ganson, verse
   38. http://www.geocities.com/Athens/Delphi/7395/arctao1.html
   에서 발췌.

9. Malidoma Somé, *The Healing Wisdom of Africa*(New York:
   Jeremy P. Tarcher/Putnam, 1998), p.33.

10. Somé, *The Healing Wisdom of Africa*, pp.102~103.

11. Deepak Chopra, *The Seven Spiritual Laws of Success*(San Rafael,
    CA: Amber-Allen, 1994[《성공을 부르는 일곱 가지 마음의 법칙》, 임희근
    옮김, 삶과꿈, 1995]), p.98.

12. John Pemberton III, "Divination in Sub-Saharan Africa."
    http://www.metmuseum.org/explore/oracle/essay4.html에서 발췌.

13. Lao Tzu, *Tao Te Ching*[《노자 도덕경》], verse 38.

14. S. N. Tandon, "Dharma—Its Definition and Universal Application."
    http://www.vri.dhamma.org/research/95sem/sem9505c.html에서
    발췌.

15. *New American Standard Bible*, Psalm 91:10-11. [《표준새번역》 시편, 대한성서공회]

16. Somé, *The Healing Wisdom of Africa*, pp.33~34.

17. William Blake, *The Portable Blake*, edited by Alfred Kazin(New York: Viking Penguin, 1946), p.176.

18. Ananda Coomaraswamy, *Christian and Oriental Philosophy of Art*(New York: Dover, 1956), p.38.

19. James Hillman, *The Soul's Code*(New York: Random House, 1996), p.27.

5장

1. Hans Selye, *Stress Without Distress*(New York: Signet, 1974), p.76.

7장

1. Marion Zimmer Bradley, *The Mists of Avalon*(New York: Ballantine Books, 1984[《아발론의 안개—마법의 여인》, 나채성 옮김, 자음과모음, 2000]).

2. Laurence Boldt, *Zen and the Art of Making a Living*(New York: Penguin, 1993), p.161.

3. Deepak Chopra, *The Seven Spiritual Laws of Success*(San Rafael, CA: Amber-Allen, 1994[《성공을 부르는 일곱 가지 마음의 법칙》, 임희근 옮김, 삶과꿈, 1995]), p.100.

4. James Redfield, *The Celestine Prophecy*(New York: Warner, 1993[《천상의 예언》, 김옥수 옮김, 나무심는사람, 2004]), p.141.

5. Thomas Moor, *Care of the Soul*(New York: HarperCollins, 1992[《영혼의 돌봄》, 김영운 옮김, 아침영성지도연구원, 2007]), p.181.

6. Matthew Fox, *The Reinvention of Work*(San Francisco: Harper-SanFrancisco, 1994), p.106.

7. Richard J. Leider, *The Power of Purpose*(San Francisco: Berrett-Koehler), p.8.

8. James Redfield, *The Celestine Prophecy*[《천상의 예언》, 김옥수 옮김, 나무심는사람, 2004], p.146.

9. Stephen Covey, *The 7 Habits of Highly Effective People*(New York: Fireside, 1989[《성공하는 사람들의 7가지 습관》, 김경섭 옮김, 김영사, 1994]), p.128.

10. Leider, *The Power of Purpose*, p.3.

11. Rick Warren, *The Purpose-Driven Life: What on Earth Am I Here For?*(Grand Rapids, MI: Zondervan, 2002), p.20.

12. Victor Frankl, *Man's Search for Meaning*(New York: Simon & Schuster, 1984[《삶의 의미를 찾아서》, 이시형 옮김, 청아출판사, 2005]), p.113.

13. Williamson, *A Return to Love*(New York: Harper Collins, 1992), p.192.

14. Leider, *The Power of Purpose*, p.1.

15. Sam Keen, *Hymns to an Unknown God*(New York: Bantam Books, 1994), p.278.

16. Michael Azzopardi, "A Story of Something Beautiful." 이 이야기는 아조파디의 친구인 루이스 포텔리가 내게 보내주었다.

17. Lewis Portelli, "Mgr. Michael Azzopardi: An Appreciation by

Lewis Portelli," *The Sunday Times (Malta)*, 1987년 5월 31일자.

18. Lewis Portelli, "Mgr. Michael Azzopardi".

19. Frankl, *Man's Search for Meaning*[《삶의 의미를 찾아서》, 이시형 옮김, 청아출판사, 2005], p.116.

20. Zalman Schachter-Shalomi & Ronald S. Miller, *From Aging to Saging: A Profound New Vision of Growing Older*(New York: Warner Books, 1995), pp.2~3.

21. Redfield, *The Celestine Prophecy*[《천상의 예언》, 김옥수 옮김, 나무 심는사람, 2004], p.138.

22. Redfield, *The Celestine Prophecy*[《천상의 예언》, 김옥수 옮김, 나무 심는사람, 2004], p.139.

8장

1. Matthew 25:14-30. *The Holy Bible: New Revised Standard Version* (Iowa Falls, IA: World Bible Publishers, 1989[《표준새번역》 마태복음, 대한성서공회]), pp.26~27.

2. Rainer Maria Rilke, *Letters to a Young Poet, Letter Four*[《젊은 시인에게 보내는 편지》]. http://www.nyx.net/~kbanker/chautauqua/rilke.htm에서 발췌.

3. Frankl, *Man's Search for Meaning*(New York: Simon & Schuster, 1984[《삶의 의미를 찾아서》, 이시형 옮김, 청아출판사, 2005]), p.116.

4. Eleanor Roosevelt, *This is My Story*(New York: Harper & Brothers, 1937).

Bloch, D. L., and Richmond, L. J. *SoulWork: Finding the Work You Love, Loving the Work You Have*. Mountain View, CA: Davies-Black Publishing, 1998.

Boldt, Laurence. *Zen and the Art of Making a Living: A Practical Guide to Creative Career Design*. New York: Penguin, 1993.

Bolles, R. N., and Bolles, M. E. *What Color Is Your Parachute? 2005: A Practical Manual for Job Changers*. Berkeley, CA: Ten Speed Press, 2004.

Chopra, D. *The Seven Spiritual Laws of Success: A Practical Guide to the Fulfillment of Your Dreams*. San Rafael, CA: Amber-Allen, 1994.

Covey, S. *The 7 Habits of Highly Effective People*. New York: Fireside, 1989.

Csikszentmihalyi, M. *Flow: The Psychology of Optimal Experience*. New York: HarperCollins, 1990.

Dunning, D. *What's Your Type of Career? Unlock the Secrets of Your Personality to Find Your Perfect Career Path*. Mountain View, CA: Davies-Black Publishing, 2001.

Dyer, W. *The Power of Intention: Learning to Co-Create Your World Your Way*. Carlsbad, CA: Hay House, 2004.

Fox, M. *The Reinvention of Work: New Vision of Livelihood for Our Time*. San Francisco: HarperSanFrancisco, 1994.

Frankl, V. *Man's Search for Meaning*. New York: Simon & Schuster, 1984.

Gendlin, E. *Focusing*. New York: Bantam, 1982.

Hall, D. *Life Work*. Boston: Beacon Press, 1993.

Harkness, H. *The Career Chase: Taking Creative Control in a Chaotic Age*. Mountain View, CA: Davies-Black Publishing, 1997.

Hillman, J. *The Soul's Code: In Search of Character and Calling*. New York: Random House, 1996.

Jeffers, S. *Feel the Fear and Do It Anyway*. New York: Fawcett Columbine, 1987.

Jones, M. *Creating an Imaginative Life*. Berkeley: Conari Press, 1995.

Keen, S. *Hymns to an Unknown God: Awakening the Spirit in Everyday Life*. New York: Bantam Books, 1994.

Kiersey, D., and Bates, M. *Please Understand Me: Character and Temperament Types*. Del Mar, CA: Prometheus Nemesis, 1984.

Leider, R. J. *The Power of Purpose: Creating Meaning in Your Life and Work*. San Francisco: Berrett-Koehler, 1997.

Leider, R. J., and Shapiro, D. *Repacking Your Bags: Lighten Your Load for the Rest of Your Life*. San Francisco: Berrett-Koehler, 1994.

Moore, T. *Care of the Soul: A Guide for Cultivating Depth and Sacredness in Everyday Life*. New York: HarperCollins, 1992.

Myers, Isabel B., with Myers, Peter B. *Gifts Differing: Understanding*

Personality Type. Mountain View, CA: Davies-Black Publishing, 1995.

Nachmanovitch, S. *Free Play: Improvisation in Life and Art.* New York: Tarcher Putnam, 1990.

Richards, D. *Artful Work: Awakening Joy, Meaning, and Commitment in the Workplace.* San Francisco: Berrett-Koehler, 1995.

Seligman, M. *Learned Optimism: How to Change Your Mind and Your Life.* New York: Pocket Books, 1990.

Simonson, P. *Career Compass: Navigating Your Career Strategically in the New Century.* Mountain View, CA: Davies-Black Publishing, 1997.

Somé, M. *The Healing Wisdom of Africa: Finding Life Purpose Through Nature, Ritual, and Community.* New York: Tarcher Putnam, 1998.

Warren, R. *The Purpose-Driven Life: What on Earth Am I Here For?* Grand Rapid, MI: Zondervan, 2002.

Whyte, D. *The Heart Aroused: Poetry and the Preservation of the Soul in Corporate America.* Now York: Currency Doubleday, 1994.

Williamson, M. *A Retern to Love: Reflections on the Principles of "A Course in Miracles."* New York: HarperCollins, 1992.

Zukav, G. *The Seat of the Soul.* New York: Fireside, 1989.

IS YOUR GENIUS AT WORK? IS YOUR GENIUS AT WORK?
IS YOUR GENIUS AT WORK? IS YOUR GENIUS AT WORK?

부록 **A**

_천재성을 안내하는 사람들을 위한
가이드라인

이 책에는 천재성을 찾는 이들을 돕고 싶어 하는 사람들, 가령 코치, 카운슬러, 멘토, 트레이너, 교육자, 치료사 등을 위한 수많은 지침이 담겨 있다. 이 지침은 책 속에 담긴 내용 중에서 선별된 것이며 구체적인 사례를 제시한다. 포괄적이고 핵심적인 가이드라인 세 가지를 살펴보자.

1. **당신이 돕고자 하는 사람의 모든 측면, 즉 신체적, 지적, 정신적, 영적 에너지를 위한 안전 공간을 창조하라.** 천재성을 인식하는 것은 가히 도전적인 일이다. 내가 관찰한 바로는, 천재들은 흔히 소심하거나 수줍음을 많이 탄다. 자신만만해 보이는 사람들의 천재성도 마찬가지다. 어쩌면 이처럼 소심한 천재성은 어두운 곳에 갇혀 있었거나, 그 정도는 아니더라도 무시되

거나 학대받았는지 모른다. 천재성은 안전하고 편안하게 느끼지 않으면 그 존재를 절대 드러내지 않는다. 당신이 할 일이 바로 그것이다.

2. **집요하게 천재성을 찾아라.** 그 사람이 말하거나 행하는 모든 것을 천재성의 단서로 보고, 그 사람이 자신의 특별한 기질을 인식하는 데 도움이 되는 방식으로 반응하라. 이 가이드라인은 심리학이나 정신 의학을 공부한 사람들에게 힘들 수도 있다. 그들은 동기를 분석하거나 과거 사건을 분석하려 들기 때문이다. 그러한 분석은 치료 목적에는 유용하다. 그렇지만 천재성을 인식하는 것은 치료가 아니다.

가령 마야가 어린 시절 학대받았다거나 토니가 갑작스레 이혼했을 때처럼, 천재성을 찾는 사람이 크나큰 정신적 충격을 받았던 경험을 들려주면, 그런 유혹이 생긴다. 물론 그러한 경험은 모두 치료의 소재이다. 그렇지만 당신의 목적이 천재성을 인식하는 것이라면 "그런 일을 겪으셨다니 참 안타깝습니다"라는 식으로 가볍게 공감한 뒤, "그래서 어떻게 하셨습니까?" 같은 질문을 던지면서 다시 본론으로 돌아가야 한다. 다른 사람의 천재성을 인식하도록 돕는 작업은 지시하거나 분석하는 것이 아니라 인도하고 촉진하는 것이다. 이 책의 본문과 적용하기에서 언급한 인도한다는 말guiding은 건너야 할 영역이 있으며 그 가능한 경로를 제시한다는 뜻이다. 촉진한다는 말facilitating은 그 사람이 그 영역을 쉽게 넘어가도록 해 준다는 의미이다.

3. **공연히 고집을 피워 다른 사람이 천재성을 인식하는 것을 방해하지 마라.** 흔히 두 가지 방식으로 다른 사람이 천재성을 인식하는 과정을 방해할 수 있다. 첫째, 그 사람의 천재성에 대해 당신의 추측이 맞다고 우길 때 그럴 수 있다. 당신이 그렇게 하면 두 가지 경우가 벌어질 수 있는데, 그 두 가지 다 역효과를 초래한다. 즉 당신이 틀리면, 대화가 언쟁으로 이어질 수 있고, 당신에 대한 신뢰가 무너지며, 천재성을 인식하려는 과정도 흐트러진다. 당신이 옳으면, 당신은 그 사람이 직접 결론에 도달할 기회를 강탈하는 것이다. 사람들은 다른 사람이 내린 결론보다 자기가 직접 내린 결론을 더 신뢰하고 마음속에 담아 둔다. 그리고 인식의 순간 이름의 적절성에 대한 펠트 센스를 맛보는 것이 매우 중요하다.

당신이 추측을 하고 그 사람이 동의한다면, 그에게 내 천재성은 　　　　　　　　이다라고 큰 소리로 말해 보라고 하라. 그런 식으로, 그 사람은 그 이름이 적절한지 펠트 센스를 맛볼 수 있으며, 그렇게 해야 그가 당신의 추측을 단순하게 받아들이는 것이 아니라 스스로 결론을 내릴 수 있다.

따라서 그렇게 큰 소리로 말해 보라고 시도하되, 그것이 전적으로 추측이나 가정이라는 것을 알려 주라. 당신의 고집이 천재성을 찾는 데 방해가 된다면, 그것을 막을 만한 가장 좋은 방법은 당신의 추측이 맞다고 우기지 않겠다는 규칙을 확고하게 정하는 것이다.

둘째, 반드시 성공하겠다고 거세게 밀어붙일 때 그럴 수 있다. 당신이 너무 빡빡하게 밀어붙이는지 여부는 스스로 알 수 있을 것이다. 가령 그 사람의 천재성을 찾는 과정에서 좌절하거나 슬슬 화가 난다면, 열심히 노력하는 데 전혀 진전이 없다면, 당신과 그 사람이 소득도 없이 헛수고만 한다고 느낀다면, 지나치게 밀어붙이고 있는 것이다. 때로는 천재성이나 그 사람 본인이 인식을 거부하기도 한다. 그러한 거부를 존중하라. 억지로 끌고 가려 하면 반발만 커질 뿐이다.

이러한 상황에서 최선의 방책은 잠시 휴식을 취하는 것이다. 수집한 정보에서 싹이 트게 하려면, 너무 밀어붙이지 말고 잠시 쉬는 것이 낫다고 설명하라. 또한 휴식을 취함으로써 성공하려는 당신의 욕심을 진정시킬 수도 있다. 성공을 하느냐 마느냐는 그 사람의 운명이고, 당신은 그저 돕기 위해 그 자리에 있다는 사실을 명심하라.

이러한 핵심 가이드라인을 전제로, 기본적으로 해야 할 것과

해서는 안 될 것들을 살펴보자.

❶ 당신이 가지고 있는 자료를 파악하라. 내가 여기서 '자료'라
고 언급한 것은 적어도 다음을 포함한다.

> ★ 천재성을 인식할 사고실험의 조건들(2장)
>
> ★ 이름의 적절성에 대한 펠트 센스를 인식하는 능력(2장)
>
> ★ 천재성을 탐색하기 위한 접근 방식들(3장)
>
> ★ '천재성'이라는 용어의 의미(4장)
>
> ★ 천재성이 흔히 발견되는 경험의 광장(5장)
>
> ★ 적용하기

❷ 듣고 생각하고 가정하라. 천재성에 대한 단서를 찾기 위해 주
의 깊게 들어라. 당신이 들은 것 중에서 그 사람의 천재성에
관련된다고 생각되는 것을 그 사람에게 말하라. 천재성에 대
해 추측하되, 함부로 판단하지 말라. 한 번 더 강조하건대, 당
신의 추측이 맞다고 절대 우기지 마라. 아래 사례를 참고하라.

나는 내가 본 것, 그녀가 지금까지 내게 말해 준 것을 토대로
추측해 보았다. 그녀가 하는 일에는 반드시 마음이 관여해야 한다.
그런데 주변 사람들이 마음이 아닌 정신만을 관련시키는 것을 보

고 좌절감을 느꼈다. 좌절감은 보통 천재성의 또 다른 단서이다. 주변 환경이나 사람 때문에 천재성을 발휘하지 못하면 좌절감을 느끼게 된다.

내가 말했다. "당신의 천재성은 마음을 이용하는 일과 관련된 것 같군요. 당신의 천재성은 '마음 관련시키기'인가요?"

당신의 천재성을 인식하기 위한 일차적인 방법은 바로 그것에 대해 이름을 붙여 주는 것이다. 내가 프란신에게 제안한 것처럼 말이다. 나는 앞으로 이어지는 장에서 당신의 천재성에 대한 올바른 이름을 찾도록 도와줄 것이다.

"올바른 표현은 '관련시키기'가 아니에요. 마음은 항상 관련되죠. 하지만 내가 매사에 마음을 '쏟는' 건 아니에요."

다른 사람이 천재성을 인식하도록 도와주면서 느끼는 보람 중 하나는, 내 추측이 정확하지 않고 그저 비슷하게만 맞아도 당사자가 스스로 그것을 다듬고 고쳐서 정확하게 내놓는다는 점이다. 그 과정에서 혹시 내가 옳다고 우긴다면, 상대방이 다듬는 과정을 방해할 위험이 있다.

프란신은 잠시 생각에 잠기더니 "내 천재성은 '마음 관련시키기'가 아니라 '마음 쏟기'예요"라고 말했다.

프란신이 '관련됐다'라는 말과 '쏟는다'는 말을 어떻게 구별하는지 확실히는 모르지만, 그녀가 그 둘을 구별한다는 것이 중요하다.

❸ **증거를 수집하라.** 당신이 돕고 있는 사람은 대개 자기가 제공하는 여러 정보들을 서로 연결하지 않을 것이다. 정보를 연결하는 것은 당신에게 달려 있다. 이때 서로 연결한 정보가 사실이라고 단정하지 말고 관찰과 가정으로 제시해야 한다.

"당신의 취미는 뭐죠, 프랭크?" 앤이 물었다.

"나는 야생 생물들의 사진을 찍어요." 프랭크가 대답했다. "나는 단서를 찾아서 숲속을 헤매는 것을 좋아해요. 추적하는 것이죠. 사실 사진 찍는 것은 부차적인 것이에요. 내가 찾고 있는 것을 발견했다는 증거일 뿐이죠."

다시 내 육감이 발동했다.

"당신의 천재성이 '단서 찾기'와 관련된 건 아닐까요? 숲에 가면 야생 생물에 대한 단서를 찾죠. 지금도 다른 사람들의 천재성에 대한 단서를 찾았고요. 당신은 사람들에게 단서라는 선물을 주고 싶어 하는 것 같군요"라고 내가 말하자 프랭크가 나를 똑바로 쳐다보았다. 그의 눈이 휘둥그레졌다. 내가 뭔가를 포착했다고 생각했지만, 프랭크 스스로 천재성에 도달해야 한다는 걸 나는 안다. 내 육감을 설명할 수 있지만 그에게 억지로 확신시킬 수는 없다. 사람들이 스스로 결론에 도달하는 것이 중요하다.

❹ **중단시켜라.** 그 사람의 천재성에 강력한 단서로 보이는 것이

나타나면, 그의 말을 중단시키고 그 순간을 포착하는 것이 유
용할 수 있다. 그는 한창 이야기하는 데 빠져 있다가 갑작스
러운 방해에 놀라거나 화를 낼 수도 있다. 그렇지만 이야기를
하는 목적은 천재성을 인식하는 것이지, 단순히 이야기만 하
려는 것이 아니다. 말하는 사람은 흔히 이야기하는 데 너무
열중하다가 그 목적을 잊어버린다. 그러므로 적절한 때 이야
기를 중단시켜라. 상황에 따라 말을 중단시킨 것에 대해 사과
하되, 필요하다면 언제든 중단시키고 끼어들어라. 그렇게 함
으로써, 당신은 그럴 듯한 단서를 지적할 수 있을 것이다. 또
한 그 사람에게 왜 이야기를 하는지 상기시켜 줄 수 있을 것
이다. 또한 이야기를 다시 진행할 때, 자기가 하는 말의 내용
을 좀더 살펴볼 가능성이 크다.

❺ **이야기에 빠져 들지 마라.** 천재성을 인식하려고 할 때 사람들
은 아주 흥미로운 이야기를 들려준다. 상대방의 이야기를 듣
다가, 가령 "그 사람이 정말로 그랬어요?", "그래서 어떻게
됐나요?", "무섭지 않으셨어요?" 등 질문을 하고 싶어진다
면, 이야기에 푹 빠져 버린 것이다. 이야기에 너무 깊이 빠져
들면, 천재성의 단서를 놓칠 수 있다.

❻ **당신의 추측이 옳다고 우기지 마라.** 이 문제에 대해서는 이미

충분히 설명하였다.

❼ **몸짓을 주시하라.** 다른 사람이 천재성을 인식하도록 도울 때, 몸짓은 두 가지 점에서 중요하다. 첫째, 천재성을 인식하려는 동안 사용하는 몸짓은 흔히 천재성 자체에 대한 강력한 단서이다. 아래 사례는 그러한 몸짓을 이용하는 방법을 보여 준다.

데릭은 신도 수를 늘이는 이야기를 할 때 계속에서 손과 팔을 움직였다. 마치 나무줄기의 둘레를 재려는 것처럼 팔을 껴안듯 벌렸다. 이러한 몸짓은 흔히 천재성에 대한 단서를 제공한다. 마치 천재성이 몸을 통해서 스스로 표현하는 것처럼 말이다. 나는 데릭에게 그 동작을 말로써 나타낼 수 있을 때까지 계속 취해 보라고 부탁했다.

팔을 벌리는 동작을 반복하던 데릭이 말했다.

"모으기. 나는 뭔가를 모으고 있어요. 이 경우에는 사람을 모으는 것이죠."

또 다른 남자도 천재성을 이야기하는 동안 손으로 똑같은 동작을 반복했다. 그는 오른손을 세워서 왼손 손바닥을 자르는 시늉을 했다. 나는 그 동작을 주시했고, 육감적으로 그 동작이 천재성에 대해 뭔가를 말해 주는 것 같지 않으냐고 물었다. 그 동작은 천재성에 대해 그가 가진 모든 정보를 '헤치고 나아가서' 이름을 떠올리려는 욕망을 표현한 거라고 그가 말했다. 그는 결국 천재성을 '헤치고 나아가기'라고 이름 지었다.

천재성에 거의 도달하려는 순간에 보이는 몸짓 역시 중요하다. 아래 예에서처럼 천재성에 도달했을 즈음 흔히 눈에 띄게 밝아진다.

프란신은 꼭 끼고 있던 팔짱을 풀고 몸을 앞으로 내밀며 말했다. "나는 본론에 직접 뛰어들어야 해요. 내가 일하고 있는 문제의 핵심heart과 함께 일하는 사람들의 마음heart에까지 파고드는 거죠. 내 마음heart을 쏟으면, 나는 어떤 것이 옳은지, 무엇을 반드시 해야 하는지 알아요. 이것은 머리로 아는 것과 달라요. 그렇다고 어떤 느낌 같은 것도 아니에요. 깊은 곳에 자리하고 있는 내적 인식 같은 거죠."

이렇게 말할 때, 프란신의 손은 파도치듯 활발하게 움직였다. 그녀의 태도도 확 바뀌었다. 확신과 자부심에 넘쳐서 사물의 핵심heart을 찌르듯 말했고, 눈에서는 반짝반짝 빛이 났다.

❽ **그 사람이 사용하는 어휘에 특별히 관심을 기울여라.** 그 사람이 어떤 어휘를 반복하거나 특정 어휘를 힘주어 말하거나, 목

소리를 높이거나 낮추는 등 어떤 식으로든 강조할 때, 천재성에 대한 단서가 흔히 포착된다. 앞의 예에서, 프란신은 'heart'라는 단어를 세 번 사용했고, 그때마다 아주 힘주어 말했다.

❾ **겉으로 보기에 관련 없는 생각과 말을 주목하라.** 천재성은 나팔을 불어 대며 요란하게 등장하기보다는 가스가 새어 나오듯 조금씩 그 모습을 보여 준다. 몸짓은 천재성이 새어 나오는 한 가지 방식이다. 또한 천재성은 뜬금없이 떠오른 생각과 혼잣말을 중얼거리듯 넌지시 하는 말속에서도 드러난다. 아무 관련도 없어 보이는 생각의 예를 하나 살펴보자.

"저도 모르겠어요. 도무지 그것을 알아낼 수가 없어요. 하지만 방금 내가 다른 사람들의 감정에 쉽게 동화된다고 프랭크가 말했을 때 갑자기 예전에 하던 일이 떠올랐어요. 간호사로 일했었거든요. 그 당시에 너무 가슴이 아파서 그만둘 수밖에 없었어요."

앤의 경우 겉보기에는 전혀 상관없는 간호사 일에 대한 생각에 집중했다. 그러한 생각은 흔히 천재성의 중요한 단서가 된다.

"그것이 어떻게 당신의 가슴을 아프게 했나요?"라고 내가 물었다.

앤은 큰 충격을 받은 것 같았다. 얼굴이 일그러지더니 손으로 얼른 가렸다. 어깨가 가볍게 들썩이더니 이내 울음을 터뜨렸다.

"뭔가 알아냈죠, 그렇죠?" 내가 물었다.

앤이 몸을 추스르고 바로 앉았다. 여전히 눈물이 뺨을 타고 흘러내렸다.

"예."

앤이 나지막이 대답했다.

"제 천재성은 '깊이 공감하기'예요."

그리고 프랭크가 옆 사람에게 넌지시 하는 말을 살펴보자. 프랭크는 자신의 천재성을 '단서 찾기'라고 이름 붙였다.

"제 아내가 저더러 '당신은 사소한 것도 놓치는 법이 없어요'라고 늘 말했어요."

프랭크가 말했다. 그러고 나서 옆에 앉은 사람에게 가만히 속삭였다.

"나는 아무런 단서가 없어요."

그렇게 넌지시 하는 말이 가끔은 천재성의 중요한 단서가 되기도 한다. 나는 프랭크의 천재성이 단서와 관련된 것이 아닐까 궁금했다.

❿ **밀고 당겨라.** 다른 사람이 천재성을 인식하도록 도울 때 가장

힘든 측면은, 그 사람을 더 깊은 사고 과정으로 언제 밀어붙이고 언제 물러나야 하는지 판단하는 것이다. 그 사람이 너무 일반적이거나 추상적인 이름을 채택해서 자신의 특별함을 정확하게 표현하지 못할 때는 가볍게 밀어붙여야 한다. 양파 껍질을 더 벗겨야 하기 때문이다. 아래 예를 살펴보자.

프랭크가 말했다.

"제가 당신에게서 주목하는 점은, 당신이 다른 사람들의 감정을 금세 알아차린다는 거예요. 누군가가 힘든 시기를 보내고 있을 때는 당신도 슬퍼하는 것처럼 보여요. 다른 사람이 무언가에 대해 웃을 때는 당신도 미소를 띠죠. 내가 어제 좌절했을 때, 당신은 제 기분을 완전히 이해하는 것 같았어요."

이 모임에 참여한 사람들은 상대방을 판단하지 않으면서 주목하고 그것을 나누는 것이 굉장히 유익하다는 것을 배웠다.

"맞아요. 그래서 저도 제 천재성이 다른 사람과 관련되었다고 생각해요."

앤이 대답했다.

"다른 사람을 도울 때 당신만의 독특한 방식은 무엇인가요?"라며 내가 물었다.

그 정의상, 천재성은 다른 사람들에게 무언가를 제공하는 것을 말한다. 따라서 당신의 천재성이 남을 돕는 거라고 말하는 것은, "당신의 천재성이 천재성이다"라고 말하는 것과 같다. 따라서 "다른 사람을 도울 때 나만의 독특한 방식은 무엇인가?"라고 자신에게 물어야 한다. 나는 앤이 평소에 다른 사람을 돕는 방식을 바라보기를 바랐다. 이때 그 돕는 방식은 그녀만의 독특한 방식이어야 한다.

물러서야 할 때는, 아무런 진전이 없고 당신과 상대방이 좌절을 느끼는 순간이다. 그러한 좌절은, 그 사람이 곧 천재성을 인식하게 될 것이며 약간의 저항을 겪고 있음을 가리킨다. 그때는 이런 말이 유용하다. "당신은 천재성을 인식하는 데 점점 다가가고 있는 것 같군요. 무의식이 활발하게 작용하도록 잠시 생각을 딴 곳으로 돌려 보는 것도 좋겠네요."

⓫ '아하!' 즉 펠트 센스를 주시하라. '아하!' 펠트 센스, 혹은 혹자가 말한 '띵!' 하는 울림은 수없이 다른 방식으로 드러날 수 있다. 눈물을 왈칵 쏟기도 하고, 한바탕 웃음으로 표현되기도 하며, 또 때로는 충격으로 다가오기도 한다. 천재성이 나타나는 순간은 거울로 자신을 처음으로 바라본 것과 같다. 게다가 당신이 바라본 것이 정말 맘에 들 것이다.

내가 말했다. "어쩌면 당신의 천재성은 '책임지고 처리하기

Taking Charge'가 아니라 '돌보기Taking Care'가 아닐까요?"

티아는 감정을 드러내 놓고 표현하는 사람이 아니지만, 그 순간만큼은 달랐다. 감정에 복받쳐 울음을 터뜨렸다. 티아는 나중에 그 경험에 대해 털어놓았다.

"당신도 직감이라는 것을 알죠? '돌보기'라는 말을 듣는 순간, 내 안에서 뭔가가 꿈틀거렸어요. 본능적으로 느꼈어요. 감정의 분출이라고 해야 할까요? '돌보기'가 딱 맞는 말이라고 느꼈어요. 나 자신을 그런 식으로 알게 되니까 안도감이 들었어요. 정말 놀라웠어요. 그 순간 나 자신을 진실로 파악했어요. 내 자신의 에너지와 파워를 보았어요."

시간과 노력을 들일 만하지 않겠는가!

IS YOUR GENIUS AT WORK? IS YOUR GENIUS AT WORK?
IS YOUR GENIUS AT WORK? IS YOUR GENIUS AT WORK?

부록 **B**

_스터디 그룹을 위한
가이드라인

나는 적게는 3명에서 많게는 200명에 이르는 사람들을 대상으로 천재성에 관한 각종 모임을 주재하고, 워크숍을 개최하고, 기조연설을 하고, 강의를 해왔다. 이 스터디 가이드라인을 통해서, 천재성을 발견하도록 도울 목적으로 사람들을 모으고자 하는 이들에게 내 경험을 알려 주고자 한다.

전문가의 도움을 받을 수 없다면, 그룹 구성원 수는 여섯 명에서 여덟 명을 넘지 않아야 한다. 그룹 구성원들이 서로를 잘 알아야 할 필요는 없다. 당신을 잘 아는 사람들은 당신에 대한 중요한 정보를 알고는 있지만, 당신에 대한 선입견이 있을 수도 있고, 따라서 새로운 방식으로 바라보기 어려울 수도 있다. 게다가 당신이 천재성을 인식하기 위해 반드시 밟아야 할 과정을, 그 과정이 무엇이든 밟도록 내버려 두지 않고 그들이 아는 것을 당신에게 확신시키려고 할 수 있다. 천재성 워크숍에 참가한 사람들이 서로 잘 아는 사이인 경우는 드물다. 그래도 사람들은 그냥 서로를 주목하고 그것을 보고하되, 비판하지 않고 잘 들어줌으로써 서로를 도울 수 있다. 여러 사람이 함께 모여 천재성을 인식하려고 한다면, 잘 아는 사이든 아니든 그러한 분위기를 조성하도록 유도하라.

이 책의 모든 적용하기는 그룹이 함께 이용하도록 만들어졌다. 적용하기를 가장 효과적으로 사용하려면, 각 구성원들이 하나의 적용하기를 따로따로 실시하고 그 결과를 구성원과 함께 토론하는 것이다. 그렇지만 어떤 적용하기는 두세 명이 하기에 적합하다. 그런 경우에는 두 명이나 세 명이 짝을 지어 하도록 하라. 적용하기를 함께 실시하고 그 결과를 토론하면 혼자 하는 것보다 서로에 대한 더 많은 정보를 제공한다. 사후 보고가 아닌 실시간 정보는 구성원들이 각자의 천재성을 인식하도록 돕기 위한 피드백으로 작용할 수 있다.

예를 들어 적용하기 10에서 '스토리 말하기'는 두 명이 한 조로 하는 것이 더 효과적이다. 그 적용하기는, 살아오면서 성공했던 시기에 대한 세 가지 스토리를 적고, 그 스토리 속에서 각자의 천재성을 기술할 만한 핵심 어휘를 찾으라고 요구한다. 두 사람이 한 조로 할 때, 한 사람이 큰 소리로 이야기하면 다른 사람은 들으면서 핵심 어휘를 메모한다. 다음, 메모한 사람이 들었던 내용을 보고하고, 둘이서 함께 천재성을 찾을 수 있다. 이렇게 하면, 짝을 이뤘던 사람은 당신이 놓칠 만한 정보를 제공할 수도 있다.

　당신이 다른 사람을 돕고 있을 때는, 그 사람이 이름을 찾으려는 과정에 주목하라. 좌절하는 신호가 감지되면, "지금 당신의 어떤 점이 좌절하고 있습니까?"라고 물어보라. 또한 그 사람의 천재성이 방해받는 것은 아닌지 살펴보라. 그 사람이 "바로 그거야!"라고 말은 하면서도 곧바로 무언가를 더 찾기 시작한다면, 아마 대안을 생각하는 것일지 모른다. 이야기에 너무 빠져서 눈앞에서 일어나는 것을 놓치지 않도록 하라.

　천재성을 인식하는 것은 함께 퍼즐 조각을 맞추는 것과 같다. 두 사람이 서로 돕고 있을 때, 필시 두 사람이 동시에 짜 맞추려고 들 것이다. 한 번에 한 사람이 퍼즐을 맞추도록 하라. 교대로 하면 된다. 한 사람이 퍼즐을 맞추다가 잘 안 되면, 잠시 다른 사람의 것을 맞추도록 하라. 어느 쪽도 성과가 없다면 쉬어 가라는 신호다.

　당신 자신의 천재성에 관한 한, 당신이 유일한 전문가다. 오로지 당신만이 당신의 진정한 취지를 안다. 다만 그것을 알아내는 것이 쉽지는 않다. 상대방의 천재성에 맞는 이름을 안다고 그 사람에게 강요할 생각일랑 접어라. 당신이 맞다면, 그 사람도 그것을 알아낼 것이다. 당신이 틀리다면, 당신은 그 사람을 헛수고하게 만들 것이다. 다른 사람이 당신의 천재성에 맞는 이름을 안다고 설득하려 하지만 그 이름이 적절성한지 펠트 센스를 맛보지 못했다면, 억지로 납득시키려 하지 말아 달라고 요구하라.

당신이 그룹의 일원으로 참여할 때, 반드시 해야 할 과제는 다음과 같다.

- ★ 당신의 천재성을 인식하라.
- ★ 다른 사람을 주목하고, 주목한 것을 보고하라.
- ★ 비판하지 마라.
- ★ 잘 들어라.
- ★ 다른 사람의 천재성에 대한 당신의 추측이 맞다고 우기지 마라.

상대방의 천재성에 맞는 이름인지, 그 적절성에 대한 펠트 센스를 나타내는 신체 반응을 찾는 것도 잊지 마라. 잔잔한 미소, 눈물, 충격이나 놀란 표정 등 다양한 반응이 나올 수 있다. 여러 사람이 서로의 천재성을 인식하도록 도와줄 때, 서로 바라보는 것이 중요하다.

당신의 천재성에 이름을 붙이기 위해 사고실험의 여덟 가지 조건들을 서로에게 상기시켜 주라. 상세한 내용은 2장에 나와 있으며, 여기서는 간단히 큰 제목만 살펴보자.

❶ 당신에게는 정말로 천재성이 있다.
❷ 당신에게는 단 한 가지 천재성이 있다.

❸ 당신의 천재성은 평생 동안 당신과 함께한다.

❹ 당신의 천재성은 타고난 것이며 성공의 원천이다.

❺ 당신의 천재성은 긍정적인 힘이다.

❻ 당신의 천재성은 그렇게 되기를 바라는 것이 아니라 지금 있
  는 바로 그것이다.

❼ 당신의 천재성에 대한 이름은 하나의 동명사와 하나의 명사
  를 포함한다.

❽ 당신의 천재성에 대한 이름은 유일무이한 것이다.

여러 사람들과 함께 노력하면 두 가지 중요한 이점이 더 있다. 우선 당신의 천재성에 대한 이름의 적절성을 테스트하기 위해 그룹 앞에서 내 천재성은 ＿＿＿＿＿＿이다라고 큰 소리로 발표해 본다. 큰 소리로 말할 때 기분이 어떤가? 아무 느낌도 안 든다면, 필시 당신의 천재성을 아직 발견하지 못한 것이다. 어떤 감정적인 에너지가 분출되어야 한다. 그 에너지가 긴장이나 마지못한 것일 때도 있지만, 대개는 자신에 대해 중요한 발견을 했다는 순수한 기쁨이다.

다른 사람들이 천재성의 이름을 발표할 때 주의 깊게 듣고 살펴보라. 그러면 그 사람이 적절한 이름을 찾았는지 여부를 알아챌 수 있다. 예를 들어 그가 여러 사람 앞에서 말할 때 고개를 좌우로 흔든다면, 필시 그 이름이 잘못된 것이다. 또한 그 사람이 문장을 말한

뒤, 대수롭지 않다는 듯 어깨를 으쓱한다면, 필시 그 이름도 잘못된 것이다. 그 사람이 문장을 말한 직후에 얼굴이 환해지거나 미소를 띠거나 기분이 좋아 보인다면, 그 이름이 맞는 이름일 것이다.

당신은 물론 다른 사람의 천재성에 대한 이름이 적절한지 결정하는 것은 지적 판단력의 문제가 아니라는 것을 명심하라. 그것은 단지 그 이름이 맞는지 아닌지 펠트 센스의 문제이다. 사람들 앞에서 그 이름을 발표하면서 보여 주는 신체 반응은 펠트 센스의 지표이다.

여러 사람들과 함께 노력해서 얻을 수 있는 두 번째 이점은, 이름표를 사용할 수 있다는 것이다. 당신의 천재성에 맞는 새로운 이름이 떠오를 때마다, 그 이름을 이름표에 적어서 걸어 보라. 이러한 활동은 당신은 물론 다른 사람들까지 당신의 천재성에 관심을 기울이게 만든다. 또한 어떤 옷이 맞나 입어 보는 것처럼, 어떤 이름을 정해서 시험 삼아 착용해 보고 맞는지 느껴 보는 것이다.

새로운 이름이 떠오를 때마다 이름표를 바꾸라. 그것을 바라볼 때, "이건 맞지 않아"라는 생각이 들지 모른다. 그렇다면, 그러한 순간적 감정을 신뢰하고 맞는 이름을 계속 탐색하라.

맞는 것 같은 이름에 도달하면, 그 이름을 적고 착용하고 사람들에게 발표하면서 기분이 좋아질 것이다.

IS YOUR GENIUS AT WORK? IS YOUR GENIUS AT WORK?
IS YOUR GENIUS AT WORK? IS YOUR GENIUS AT WORK?

부록 C

_네 가지 핵심 질문에 답하기 위한
적용하기

IS YOUR GENIUS AT WORK? IS YOUR GENIUS AT WORK?

뒤에 나오는 적용하기는 이 책에서 제기한 네 가지 핵심 질문에 대한 답을 찾는 데 도움을 주고자 고안되었다. 적용하기의 질문들은 그 나름의 유용함이 입증되었지만, 어느 한 질문이 모든 사람들에게 다 효과적인 것은 아니다. 겨우 한 가지 적용하기를 해보고 당신이 필요한 모든 정보를 다 얻을 거라 기대하지는 마라. 천재성과 목적이 사람마다 다른 것처럼 그 천재성을 인식하고 목적을 간파하는 과정 역시 사람마다 다르다. 천재성에 맞는 이름이 떠오르고 분명한 목적을 알아내려면, 적용하기의 여러 문제를 보고 삶의 경험을 성찰하면서 많은 정보를 수집해야 한다. 사람에 따라 어떤 적용하기의 질문은 자신의 천재성을 깨닫는 데 별로 신통치 않을 수 있다. 그럴 때는 얼른 다른 질문을 보도록 하라.

때로는 이미 마친 적용하기를 다시 해보는 것도 괜찮다. 의식적으로 신경 쓰지 않을 때라도, 무의식 속에서 어떤 문제에 대해 계속 생각하고 연구하기도 한다. 따라서 똑같은 적용하기를 다시 하다 보면 새로운 의미가 떠오를 수 있다.

적용하기는 네 가지 질문 순서에 따라 배열되었다. 마지막 적용하기는 이제까지 배운 내용을 요약하고자 추가된 것이다.

당신의 천재성은 무엇인가?

적용하기 01에서 **적용하기** 13은 천재성을 인식하고 그 개념을 이해하도록 도와줄 것이다. 대부분의 적용하기의 질문은 천재성을 기술할 어휘를 생각해 낼 수 있도록 고안된 것이다. 각 적용하기를 마칠 때마다 당신이 생각해 낸 어휘가 당신의 천재성을 제대로 기술하는지 물어볼 것이다. 어떤 적용하기 질문이 당신의 천재성에 맞는 이름을 제시해 줄지 모르기 때문에 매번 같은 질문을 할 수밖에 없었다.

당신은 천재성을 발휘하고 있는가?

천재성을 인식한 후에는 **적용하기** 14에서 **적용하기** 17을 보라. 당신이 현재 하는 일의 어떤 측면이 당신의 천재성을 발휘하게 하는지, 어떤 측면이 그렇지 않은지 알아보도록 도와줄 것이다. 또한 마뜩지 않은 상황을 바꾸기 위해 할 수 있는 것이 무엇인지 탐색하도록 도와줄 것이다.

당신의 목적은 무엇인가?

적용하기 18에서 **적용하기** 26은 당신의 목적에 대한 단서를 찾을 수 있는 여러 가지 정보의 광장을 조사하도록 도와줄 것이다. 천재성을 인식하도록 도와준 적용하기와 마찬가지로, 이들 중 어떤 것이 당신의 목적을 이해하도록 이끌어 줄지는 알 수 없다.

당신은 목적에 맞게 천재성을 발휘하고 있는가?

천재성을 인식하고 목적을 간파한 후에는 **적용하기** 27에서 **적용하기** 31을 보라. 지금 하는 일에서 당신의 천재성과 목적을 발휘하도록 촉진하거나 방해하는 측면을 조사하도록 도와줄 것이다.

요약

지금까지 배운 내용을 요약하기 위해 **적용하기** 32를 보라.

적용하기 01_어휘 생성하기

당신의 천재성을 인식하기 위한 전략 중 하나는 어휘 목록을 만드는 것과 관련이 있다. 때로는 일정한 패턴을 형성하기 위해 아주 많은 어휘를 생성해야 한다. 여기서 제시하는 네 단계는, 당신의 천재성에 대한 단서를 제공하는 어휘를 생성하도록 돕는 것을 목적으로 한다. 적용하기는 출발점이다. 아마도 맨 먼저 머릿속에 떠오르는 어휘가 가장 분명한 것이다. 더 많은 어휘를 생성하기 위하여 계속해서 더 많은 적용하기를 해보면 일정한 어휘 패턴이 드러날 것이다.

적어도 두 개의 어휘를 찾아야 하며, 진행 중인 행동을 가리키는 '-하기'로 끝나야 한다.

1단계 : 당신이 즐겨 하는 활동을 기술하되, '-하기'로 끝나는 말을 가능한 한 많이 열거하라.

2단계 : 모임에 참석할 때 분위기를 띄우기 위해 당신이 가져가거나 발휘하는 것을 명사로 가능한 많이 열거하라.

3단계 : 위 두 목록에서 가장 끌리는 어휘를 각각 한 가지씩 선택하라. 선택한 어휘를 아래
         박스에 기록하라.

1단계 목록에서 하나의 어휘를 선택하라.

2단계 목록에서 하나의 어휘를 선택하라.

4단계 : 큰 소리로 말하라. 3단계에서 당신이 선택한 두 어휘를 이용하여, 내 천재성은
         　　　　　　　　　　이다라고 큰 소리로 말하라.

그 어휘를 말할 때 기분이 어떤가?
그 어휘가 당신의 천재성을 제대로 드러내는지 펠트 센스에 주목하라.

적용하기 02_ 양파 껍질 벗기기

천재성을 인식하는 것은 양파 껍질을 벗기는 것과 흡사하다. 양파의 겉껍질 층이 당신의 기술, 재능, 행동, 성과, 관심사, 창조물이라고 상상하라. 당신은 재능과 기술을 개발했고 창조물을 생성했다. 그런 것들이 당신의 천재성을 드러내 주기 때문이다. 당신의 관심사와 행동과 성과도 흔히 천재성이 발현된 것이다.

1단계 : 아래 도식의 빈칸을 이용하여 당신의 기술, 행동, 관심사, 재능, 창조물, 성과에 대한 짧은 목록을 만들어라.

기술

행동

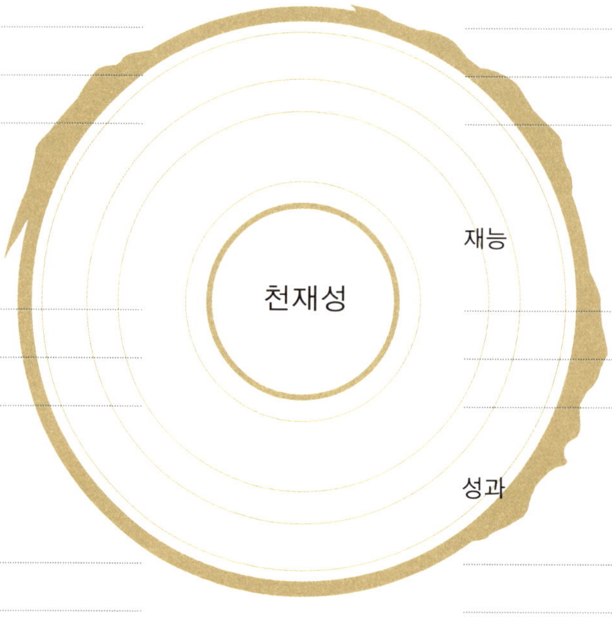

관심사

재능

천재성

창조물

성과

2단계 : 당신이 열거한 항목들의 공통분모를 찾아라. 무엇이 공통으로 들어 있나? 공통분모
는 당신에게 자연스럽게 나오는 활동을 기술해야 한다.

아래 빈칸을 채워 문장을 완성하라. (두 번째 빈칸은 '-하기'로 끝나야 한다.)
1단계에 열거된 항목들의 공통분모는   이다.

적용하기 03_자신에게 주목하기

주목하기는 당신의 천재성을 인식하기 위한 3단계 과정이다. 1단계는 당신이 하는 것에 주목하지 않을 때 당신이 하는 것에 주목하는 것이다. 즉 부시불식간에 하는 일을 주목하는 것이다. 2단계는 당신이 주목한 것과 유사한 다른 활동과 관련지어 생각하는 것이다. 3단계는 당신이 주목한 활동들과 그와 관련지어 생각한 활동들 중에서 공통 취지를 찾아내는 것이다.

1단계 : 당신이 하는 것에 주목하지 않을 때 당신이 하는 것에 주목하라.

예를 들어 준은 누가 청하지도 않았는데 모임 참여자들의 전화번호 목록을 만들자고 제안한 것에 주목했다. 데이브는 회의실을 바르게 정리했다는 것에 주목했다.

아래 내용은 주목해야 할 것들의 목록이다.

방에 들어갈 때 맨 처음 무슨 생각을 하는가?

____

방에 들어갈 때 맨 처음 무엇을 하는가?

____

집단 활동에서 자발적으로 기여하는 것은 무엇인가?

____

토론 시간에 어떤 종류의 기여를 반드시 해야 한다고 생각하는가?

____

다른 사람들을 위해 어떤 종류의 일을 반드시 해야 한다고 생각하는가?

단지 좋아하기 때문에 반드시 해야 한다고 느끼는 것은 무엇인가?

2단계 : 당신이 주목한 것과 유사한 다른 활동과 관련지어 생각하라. 주목하기만으로는 충분치 않다. "유사한 다른 활동에 참여한 것은 무엇인가?"

예를 들어 준은 모임 참여자들의 전화번호 목록을 만들려는 욕구와 바느질 견본을 수집하고 정원 꾸미는 계획을 하는 것이 비슷하다고 생각했다. 자신을 검열하지 말고 자유롭게 연상하라. 이 단계에서는 각 활동이 서로 어떻게 관련되는지 알려고 애쓰지 않아도 된다.

1단계에서 열거한 것과 유사하다고 생각되는 활동을 메모하라.

3단계 : 당신이 주목한 활동들과 그와 관련하여 연상한 활동 중 공통 취지를 찾아내라. 당신의 천재성은 표면적으로 드러나는 활동 이면에 숨어 있다. 그 숨은 천재성을 찾기 위해서 스스로에게 "이 모든 관련된 활동들에서 내가 달성하려고 하는 것은 무엇인가?"라고 물어보라.

준은 자신의 취지가 다른 활동을 착수할 기반을 다지는 것과 관련됐다고 말했다. 전화번호 목록은 데이터베이스였다. 견본은 바느질을 하기 위한 기본 도구이다. 정원을 계획하고 준비하고 씨를 심는 것은 꽃과 식물을 재배하기 위해 기반을 다지는 것이다. 준은 이렇게 연상하고, 연상된 것들의 공통 취지를 찾은 후에 자신의 천재성을 '기반 다지기'라고 이름 붙였다.

아래 빈칸을 채워 문장을 완성하라. 예를 들어 준은 첫 번째 빈칸에는 '기반'을, 두 번째 빈칸에는 '다지기'라고 써 넣었다. 두 번째 빈칸은 '-하기'로 끝나야 한다.

2단계에 열거된 항목들의 공통분모는 　　　　　　　　　　　　　　　이다.

4단계 : 큰 소리로 말하라. 3단계에서 당신이 선택한 두 어휘를 이용하여, 내 천재성은 　　　　　　　이다라고 큰 소리로 말하라.

그 어휘를 말할 때 기분이 어떤가?
그 어휘가 당신의 천재성을 제대로 표현하는지 펠트 센스에 주목하라.

적용하기 04_천재성의 의미 찾기

이 적용하기는 '천재성'이라는 용어에 대한 당신만의 이미지를 창조하도록 도와줄 것이다. 아래 목록은 천재성의 여러 형태를 연구했던 사람들이 그 천재성을 기술하기 위해 사용했던 용어들이다.

1단계: '천재성' 하면 떠오르는 이미지와 가까운 항목을 선택하라.

- □ 생명력Life power
- □ 특별한 재능Unique talent
- □ 영적 대리물Spiritual double
- □ 강력한 기질Strong inclination
- □ 생기Vital energy
- □ 정신 에너지Spirit energy
- □ 정신의 발현Manifestation of the spirit
- □ 내적인 힘Interior force
- □ 신의 선물Gift from God
- □ 정신의 안내자Spirit guide
- □ 정신적 매개물Spiritual vehicle
- □ 신성한 존재Divine presence
- □ 수호정령Guardian spirit
- □ 긍정적이고 의도적인 힘Positive, purposeful force
- □ 더 높은 자아Higher self
- □ 영혼의 씨앗Seed of the soul

- □ 진정한 이름True name
- □ 본성Basic nature
- □ 핵심 과정Core process
- □ 타고난 토대Natural foundation
- □ 신비로운 덕Mystic virtue
- □ 본질적인 힘Intrinsic power
- □ 본질적 특성Essential character
- □ 특별한 보물Special treasure
- □ 내부의 모습Inner form
- □ 본질적 자질Essential quality
- □ 신성의 반짝임Divine spark
- □ 영혼의 에너지Energy of the soul
- □ 하나님의 이미지Image of God
- □ 수호정령Tutelary spirit
- □ 생명의 본질Essence of life
- □ 인도하는 별Guiding star

2단계 : 당신은 친구에게 천재성 개념을 어떻게 설명하고 싶은가? 위 목록에 나온 어휘뿐만 아니라 나름의 새로운 어휘를 사용해도 좋다.

적용하기 05_당신에 대한 악평 따져 보기

사람들이 당신을 설명하기 위해 사용하는 부정적인 꼬리표, 즉 당신에 대한 악평이 흔히 천재성에 대한 단서가 되기도 한다. 주로 붙이는 부정적 꼬리표로는 '잘난 체하는', '귀찮게 구는', '산만한', '변덕스러운', '감정적인', '충동적인', '고집 센' 따위가 있다. 탐구할 가치가 있는 중요한 부정적 꼬리표는 바로 당신에게 상처를 주고 당신에게 끈질기게 붙어 있는 것이다. 그런 꼬리표 때문에 마음의 상처를 받으면 쉽게 잊지 못한다. 단서를 찾기 위해, 당신이 달성하려고 한 것 중 당신에게 꼬리표를 붙여 준 사람들을 성가시게 하거나 불편하게 했다고 여겨지는 것이 무엇인지 스스로에게 물어보라.

1단계 : 다른 사람들이 당신에게 붙여 준 부정적인 꼬리표를 열거하라.

2단계 : 1단계의 부정적인 꼬리표 각각에 대해 당신이 달성하려고 한 것 중에서 당신에게 꼬리표를 붙여 준 사람들을 성가시게 하거나 불편하게 했다고 여겨지는 것을 써보라.

3단계 : 2단계의 목록을 살펴보고 공통분모를 찾아라. 예를 들어 닐의 목록에 나온 항목들은 모두 한 가지 공통점을 가지고 있다. 아래 빈칸을 채워 문장을 완성하라. (두 번째 빈칸은 '-하기'로 끝나야 한다.) 각각의 예에서 닐은 경로를 탐색하려고 애썼다.

2단계에 열거된 항목의 공통분모는 　　　　　　　　　　　　　　　　이다.

적용하기 06_좌절의 원인 추적하기

당신의 의식적인 계획이나 무의식적인 목표가 방해받을 때 좌절이 찾아온다. 그러면 당황하고, 어쩌면 무능하다는 생각이 들기도 한다. 이러한 좌절도 천재성의 중요한 단서가 된다. 좌절한다고 느낄 때 스스로에게 이렇게 물어보라. "무엇 때문에 나는 좌절한 것일까?"

예를 들어 자신의 천재성을 '더 깊이 파헤치기'라고 말한 조이스는 남편이나 회사 동료들이 인생을 진지하게 살지 않고 일을 대충대충 끝내는 걸 보면 좌절한다.

1단계 : 당신에게 좌절을 안겨 주었던 사람이나 상황을 열거하라.

2단계 : 1단계에서 당신이 열거한 사람이나 상황이 당신에게 좌절을 안겼을 때, 당신이 달성하려고 한 것이 무엇인지 열거하라.

3단계 : 2단계에서 열거한 모든 항목의 공통분모를 찾아라. 아래 빈칸을 채워 문장을 완성하라. (두 번째 빈칸은 '-하기'로 끝나야 한다.)

2단계에 열거된 항목의 공통분모는 　　　　　　　　 　　　　　　　　 이다.

4단계 : 큰 소리로 말하라. 3단계에서 당신이 선택한 두 어휘를 이용하여, 내 천재성은 　　　　　　　　 이다라고 큰 소리로 말하라.

그 어휘를 말할 때 기분이 어떤가?
그 어휘가 당신의 천재성을 제대로 표현하는지 펠트 센스에 주목하라.

적용하기 07_우쭐한 순간 조사하기

천재성의 취지를 실현하면서 "해냈어!"라고 소리치는 순간, 의기양양하고 우쭐해진다. 이렇듯 우쭐한 순간에 당신의 천재성을 인식하기 위해서, 좌절에 대해 물었던 질문을 바꿔 "내 안의 어떤 것이 충족된 것일까?"라고 물어보라.

1단계 : 당신을 의기양양하게 해준 상황을 열거하라.

____

2단계 : 1단계에서 당신이 열거한 상황에서 당신이 달성하려고 한 것은 무엇인지 열거하라.

____

____

3단계 : 2단계에서 열거한 모든 항목의 공통분모를 찾아라. 아래 빈칸을 채워 문장을 완성하라. (두 번째 빈칸은 '–하기'로 끝나야 한다.)

    2단계에 열거된 항목의 공통분모는 _______________ _______________ 이다.

4단계 : 큰 소리로 말하라. 3단계에서 당신이 선택한 두 어휘를 이용하여, 내 천재성은 _______________ 이다라고 큰 소리로 말하라.

    그 어휘를 말할 때 기분이 어떤가?

    그 어휘가 당신의 천재성을 제대로 표현하는지 펠트 센스에 주목하라.

적용하기 08_당신이 제공하는 것 관찰하기

천재성 개념을 포함하는 모든 영적·문화적 전통에는, 당신의 천재성이 다른 사람들에게 제공할 수 있도록 당신에게 맡겨진 선물이라는 생각이 담겨 있다. 당신이 제공하는 선물을 떠올릴 때, 단지 만질 수 있는 유형의 물건만 생각하지는 말라.

예를 들어 닐은 겉으로는 사람들에게 비행기 표를 나눠 주지만, 그 이면에는 새로운 경로를 탐색할 선물을 제공하려고 끊임없이 노력한다.

1단계 : 당신이 다른 사람들에게 항상 주려고 하는 것이 무엇인가? 특정한 사람, 집단, 상황을 구체적으로 생각하는 것이 좋다.

2단계 : 다른 사람들이 당신에게 도움을 구하러 올 때 무엇을 바라는가? 특정한 사람, 집단, 상황을 구체적으로 생각하는 것이 좋다. 또한 이 질문에 답할 수 있도록 다른 사람들에게 직접 물어보는 것도 좋다.

3단계: 1, 2단계에서 열거한 모든 항목의 공통분모를 찾아라. 아래 빈칸을 채워 문장을 완성하라. (두 번째 빈칸은 '–하기'로 끝나야 한다.)

2단계에 열거된 항목의 공통분모는 　　　　　　　　　　　　　 이다.

4단계 : 큰 소리로 말하라. 3단계에서 당신이 선택한 두 어휘를 이용하여, 내 천재성은 이다라고 큰 소리로 말하라.

그 어휘를 말할 때 기분이 어떤가?

그 어휘가 당신의 천재성을 제대로 표현하는지 펠트 센스에 주목하라.

적용하기 09_관심사 주의 깊게 살피기

　당신의 천재성은, 다른 사람들이 관여하든 안 하든, 당신 자신을 위해서만 하는 활동 속에서도 존재한다. 당신의 관심사 속에서 취지의 공통 요소를 파악함으로써 당신의 천재성에 대한 단서를 찾을 수 있다. 당신의 취지는, 천재성에 발동이 걸렸을 때 그 천재성이 기여하려는 것을 가리킨다.

　예를 들어 자신의 천재성을 '정신 모으기'라고 한 데릭은, 1990년 초반의 미국 우표를 수집한다. 당시 우표가 그 시대의 정신을 포착하고 있기 때문이다. 또한 정신적인 세계를 지향하는 책을 읽으면서 마음을 울리는 아이디어를 찾는다. 이러한 그의 목표는 활동을 통해 정신적인 힘을 모으는 것이다.

1단계 : 당신 자신만을 위해서 즐겨 하는 활동을 열거하라.

2단계 : 모든 항목의 공통 요소를 찾기 위해서 위 목록을 자세히 살펴보라. 이러한 활동에 참여하는 이유는 무엇인가? 아래 빈칸을 채워 문장을 완성하라. (두 번째 빈칸은 '-하기'로 끝나야 한다.)

　1단계에 열거된 항목의 공통분모는 ＿＿＿＿＿＿＿ ＿＿＿＿＿＿＿ 이다.

3단계 : 큰 소리로 말하라. 2단계에서 당신이 선택한 두 어휘를 이용하여, 내 천재성은 ＿＿＿＿＿＿＿ 이다라고 큰 소리로 말하라.

　그 어휘를 말할 때 기분이 어떤가?

　그 어휘가 당신의 천재성을 제대로 표현하는지 펠트 센스에 주목하라.

적용하기 10_성공 연구하기

이 다섯 단계 적용하기는 당신의 과거 성공 스토리를 조사하여 천재성을 기술할 만한 어휘를 생성할 수 있도록 돕기 위한 것이다. 비교적 짧은 성공이든 장기간에 걸친 성공이든, 천재성을 충분히 발휘할 때 성공할 수 있다. 천재성은 같이 참여하는 다른 사람들이 당신의 천재성을 필요로 하고 그 가치를 높이 평가하는 상황에서 충분히 발휘할 수 있다. 이 적용하기를 하면, "가장 성공적인 상황에서 내가 발휘한 것은 무엇인가?"라는 질문에 답할 수 있을 것이다.

1단계 : 세 가지 스토리를 말하라.

지금까지 살아오면서 성공했을 때, 당신 자신에 대해 기분이 좋았을 때, 무슨 일을 하든 술술 풀렸을 때 등 세 가지를 생각하라. 당신이 성공을 규정하기 위해 어떠한 기준을 선택하든 상관 없다. 스스로에 대해 기분이 좋았다는 말은, 하던 일을 완성했고 그 일이 옳다고 생각되는 펠트 센스를 맛보았다는 뜻이다. 술술 풀린다는 말은, 당신이 하는 일이 쉽고 자연스럽게 진행됐다는 뜻이다. 이러한 세 가지 사례를 삶의 어떤 순간에서 선택해도 된다. 직장 생활이나 취미 생활, 혹은 가족과 함께한 일 등 어떤 것이든 상관없다. 한 가지 사건이어도 되고, 장기간에 걸쳐 진행된 과정이어도 된다. 단, 아래 제시하는 세 가지 기준을 충족해야 한다.

★ 당신이 성공을 거두었던 일
★ 당신 자신에 대해 기분이 좋았던 일
★ 술술 풀렸던 일

다음 페이지에 세 스토리를 각각 기술하라. 이때 다른 사람들이 당신에게 했던 일이나 주변 상황에 대해 기록하지 말고 당신이 실제로 했던 일을 기록하라. 그 사건을 둘러싸고 당신이 했던 것을 기록하되, 그 사건 자체를 장황하게 기술할 필요는 없다. '나'를 주어로 그 상황에서 취한 행동, 생각, 느낌에 대해 자세히 기술하라.

첫 번째 스토리

두 번째 스토리

세 번째 스토리

2단계 : 행동 어휘의 목록을 만들어라.

세 스토리를 살펴보면서 당신이 취한 행동을 기술하는 어휘를 찾아라. 이 목록에 올릴 어휘는 바로 '설계했다'이다. 어떤 어휘가 한 번 이상 나오더라도 매번 쓰도록 하라. 예를 들어 이 책의 본문에서 나에 대한 스토리를 들려줄 때, "나는 트레이닝 프로그램을 설계했다"라고 썼다.

3단계 : 대상 어휘의 목록을 만들어라.

세 스토리를 다시 한 번 살펴보면서 당신이 행동을 취했던 대상을 기술하는 어휘나 구절을 찾아라. 주로 2단계의 행동 어휘 앞에 나오는 어휘일 것이다. 어떤 어휘가 한 번 이상 나오더라도 매번 쓰도록 하라. 예를 들어 "나는 트레이닝 프로그램을 설계했다"라는 문장에서 대상 어휘는 '트레이닝 프로그램'이다.

어떤 어휘나 구절을 목록에 적어야 하나 말아야 하나 고민된다면, 일단 적어라. 이 적용하기의 목적은 당신의 천재성에 대한 단서를 제공할 만한 어휘를 생성하는 것이다. 따라서 정확성을 염려할 필요는 없다.

4단계 : 어휘를 선택하라. 2단계 목록과 3단계 목록에서 가장 끌리는 어휘를 아래 박스에
적어라. 당신이 왜 그 어휘에 끌리는지 따지지 말고, 그냥 당신의 직관을 믿어라.

2단계 목록에서 가장 끌리는 어휘	3단계 목록에서 가장 끌리는 어휘

5단계 : 큰 소리로 말하라. 4단계에서 당신이 선택한 두 어휘를 이용하여, 내 천재성은
　　　　　　　　　　이다라고 큰 소리로 말하라.

그 어휘를 말할 때 기분이 어떤가?
그 어휘가 당신의 천재성을 제대로 표현하는지 펠트 센스에 주목하라.

적용하기 11_끌리는 이미지 조사하기

끌리는 이미지는 당신의 천재성을 인식할 수 있는 강력한 통로이다. 이는 천재성이 말과 생각으로 처리하는 정신보다는 이미지로 처리하는 영혼에 더 가까이 있기 때문이다.

예를 들어 자신의 천재성을 '경로 탐색하기'라고 한 닐은 지도 보는 것을 좋아한다. 자신의 천재성을 '더 깊이 파헤치기'라고 한 조이스는 아메리카 원주민 유적지에서 발굴된 도기의 복제품을 수집한다.

1단계 : 끌리는 이미지를 세 가지 이상 생각하라.

그 이미지는 사진, 그림, 데생, 조각 등 어떤 것이든 상관없다. 아래 박스를 이용하여 말이나 그림, 혹은 당신이 원하는 어떤 방식으로든 그 이미지를 표현해 보라.

2단계 : 1단계에서 표시한 이미지의 의미를 탐색하라.

다음과 같은 질문에 대답함으로써 탐색할 수도 있다. 그 이미지 안에 당신이 동일시하는 사람이 있는가? 그렇다면 어떤 면에서 그 사람과 동일시되는가? 사람들이 무엇을 하고 있으며, 왜 그 활동이 당신에게 끌리는가? 그들이 하는 일에서 무엇을 얻고 있다고 생각하는가? 그들이 하는 일 중에서 다른 사람들이 감사히 여길 만한 것은 무엇인가? 이미지 안에 사람이 하나도 없다면, 당신은 그 이미지의 어떤 점이 끌리는가? 그 이미지는 무엇을 나타내는가? 그 이미지가 당신에게 어떤 의미를 갖는가?

3단계 : 당신이 열거한 이미지들의 공통분모를 찾아라. 아래 빈칸을 채워 문장을 완성하라. (두 번째 빈칸은 '-하기'로 끝나야 한다.)

내게 끌리는 이미지들의 공통분모는   이다.

4단계 : 큰 소리로 말하라. 3단계에서 당신이 선택한 두 어휘를 이용하여, 내 천재성은   이다라고 큰 소리로 말하라.

그 어휘를 말할 때 기분이 어떤가?
그 어휘가 당신의 천재성을 제대로 표현하는지 펠트 센스에 주목하라.

적용하기 12_이미지 창조하기

이 적용하기의 처음 두 단계는 이어지는 단계의 사전 연습이다. 이 적용하기를 효과적으로 하려면, 지시문을 읽고 깊이 생각하지 말고 떠오르는 대로 바로 움직여야 한다.

1단계 : 아래 박스에 꽃을 하나 그려라. 너무 깊이 생각하지 말고 바로 그리기 시작해서 10초 안에 완성하라.

2단계 : 아래 박스에 평온함의 개념을 나타내는 그림을 그려라. 너무 깊이 생각하지 말고 바로 그리기 시작해서 10초 안에 완성하라.

3단계 : 아래 박스에 당신의 천재성을 나타내는 그림을 그려라. 너무 깊이 생각하지 말고
바로 그리기 시작해서 10초 안에 완성하라.

4단계 : 3단계에서 당신이 그린 그림과 그린 과정을 기술하라.

____

____

____

5단계 : 3단계의 그림과 4단계의 기술 내용이 당신의 천재성에 맞는 이름을 암시하는지 생
각해 보라. 만일 암시한다면, 아래 빈칸에 그 이름을 기록하라. (두 번째 빈칸은 '-하
기'로 끝나야 한다.)

6단계 : 큰 소리로 말하라. 5단계에서 당신이 선택한 두 어휘를 이용하여, 내 천재성은
　　　　　　　　　　　이다라고 큰 소리로 말하라.

그 어휘를 말할 때 기분이 어떤가?
그 어휘가 당신의 천재성을 제대로 표현하는지 펠트 센스에 주목하라.

적용하기 13_당신의 천재성 만나기

이 네 단계 적용하기를 통해서, 당신의 천재성을 직접 만나는 것을 상상해 볼 것이다. 진지한 회의를 열거나, 재미있는 분위기로 가거나, 혹은 두 가지 방식을 다 해보라. 당신의 천재성에게 당신 자신에 대하여 이야기하라. 아래 공간이 충분하지 않다면 다른 곳에다 대화를 계속 적어 보라.

1단계 : 당신과 당신의 천재성 간에 가상 대화를 적어 보라.

당신 :

당신의 천재성 :

당신 :

당신의 천재성 :

당신 :

당신의 천재성 :

당신 :

당신의 천재성 :

당신(위에서 당신의 천재성에게 이름이 뭐냐고 묻지 않았다면 그 이름을 물어볼 수 있다.)

당신의 천재성:

당신:

당신의 천재성:

2단계: 1단계의 대화에서 당신의 천재성에 대해 주목한 것을 적어라.

3단계: 1단계의 대화와 2단계에서 당신의 반응이 천재성에 대한 이름을 암시하는지 생각
해 보라. 만일 암시한다면, 아래 빈칸에 그 이름을 기록하라. (두 번째 빈칸은 '-하
기'로 끝나야 한다.)

4단계: 큰 소리로 말하라. 3단계에서 당신이 선택한 두 어휘를 이용하여, 내 천재성은
           이다라고 큰 소리로 말하라.

그 어휘를 말할 때 기분이 어떤가?
그 어휘가 당신의 천재성을 제대로 표현하는지 펠트 센스에 주목하라.

적용하기14_일에 변화 주기

현재 하는 일에서 당신의 천재성을 충분히 발휘하지 못한다면, 일에 변화를 주려고 시도할 것이다. 예를 들어 자신의 천재성을 '일 바로잡기'라고 한 데이브는 상사에게 가서 자기에 대해 파악한 것과 자기가 가장 효과적으로 일하고 만족할 수 있는 상황을 설명했다. 상사는 데이브에게 정리할 기회를 줄 수 있는 다른 관리 업무를 맡겼다.

때로는 부담이나 책임을 약간만 조정해 줘도 문제가 간단히 해결될 수 있다.

1단계 : 현재 하는 일에서 맡은 의무와 책임을 열거하라.

2단계 : 1단계에서 열거한 각각의 의무나 책임에 대해, 당신이 그 의무나 책임을 수행할 때 당신의 천재성을 어느 정도 발휘했는지 체크하라.

	전혀	그다지	때때로	자주	항상
	☐	☐	☐	☐	☐
	☐	☐	☐	☐	☐
	☐	☐	☐	☐	☐
	☐	☐	☐	☐	☐
	☐	☐	☐	☐	☐
	☐	☐	☐	☐	☐
	☐	☐	☐	☐	☐
	☐	☐	☐	☐	☐
	☐	☐	☐	☐	☐
	☐	☐	☐	☐	☐
	☐	☐	☐	☐	☐

3단계 : 2단계에서 당신의 반응을 통해 내릴 수 있는 결론은 무엇인가?

4단계 : 현재 하는 일에서 당신의 천재성을 충분히 발휘하지 못한다면, 그 일에 어떠한 변화를 줄 수 있을까?

5단계 : 이 연습 과제의 결과를 놓고 볼 때, 당신은 앞으로 무엇을 할 것인가? 언제 그것을 할 것인가?

적용하기 15_일정표 확인하기

의무와 책임 목록(적용하기 14)을 조사하여 기대되는 것과 실제로 일한 것 간에 큰 차이가 있을 때가 있다. 이번 질문을 통해 지난달에 당신이 실제로 일한 것을 확인해 볼 수 있을 것이다.

당신의 지난달 일정표가 필요할 것이다.

1단계 : 지난달에 당신이 시간을 가장 많이 할애한 업무 활동을 열거하라. 포괄적인 의무와 책임보다는 활동에 대해 구체적으로 적으라.

2단계 : 1단계에서 열거한 각각의 의무나 책임에 대해, 당신이 그 의무나 책임을 수행할 때 당신의 천재성을 어느 정도 발휘했는지 체크하라.

	전혀	그다지	때때로	자주	항상
	☐	☐	☐	☐	☐
	☐	☐	☐	☐	☐
	☐	☐	☐	☐	☐
	☐	☐	☐	☐	☐
	☐	☐	☐	☐	☐
	☐	☐	☐	☐	☐
	☐	☐	☐	☐	☐
	☐	☐	☐	☐	☐
	☐	☐	☐	☐	☐
	☐	☐	☐	☐	☐
	☐	☐	☐	☐	☐

3단계 : 2단계에서 당신의 반응을 통해 내릴 수 있는 결론은 무엇인가?

4단계 : 지난달에 당신의 천재성을 충분히 발휘하지 못했다면, 앞으로 무엇을 바꿀 수 있

을까?

적용하기 16_자신의 가치를 높이는 방법 생각해 보기

천재성을 인식하게 되면, 일을 통해 당신의 가치를 높이는 표현을 찾을 수 있을 것이다. 이러한 기술은 직업을 구할 때나 잠재 고객에게 당신의 서비스를 설명할 때 매우 귀중한 자산이 된다.

당신의 천재성을 아직 인식하지 못했다면, 나중에 인식한 후에 이 부분을 다시 해보라.

1단계 : 당신의 천재성에 대한 이름을 적어라.

2단계 : 잠재 고용주나 고객에게 설명하는 것처럼 당신의 천재성에 대한 이름을 설명하라.

예를 들어 자신의 천재성을 '항로 정하기'라고 한 덴은 잠재 고용주에게 이렇게 말했다. "저는 사람들을 의도한 목적지로 인도하고, 목표나 비전을 달성하도록 이끄는 데 탁월합니다." 집을 사서 임대하거나 다시 파는 일을 하는 톰은 자신의 천재성을 '보석 발견하기'라고 말했다. 톰은 잠재 고객에게 이렇게 설명했다. "저는 싼 값에 멋진 집을 사서 다시 적당한 가격에 사람들에게 제공하는 일을 아주 좋아합니다."

적용하기 17_당신의 천재성 자라게 하기

당신이 천재성을 활발히 발휘할 수 있는 작업 조건을 알면, 현재 상황에서 당신이 주고 싶은 변화와 다음 상황에서 당신에게 필요한 변화를 결정할 수 있다.

예를 들어, '일을 바로잡기'인 데이브의 천재성은 개선해야 할 일이 많은 상황을 관리할 때 가장 활발히 자란다. 자신의 천재성을 '일 성공시키기'라고 한 앨리샤는 주변 사람들이 각자의 일에 헌신하는 상황에서 가장 좋은 성과를 낸다.

당신의 천재성을 아직 인식하지 못했다면, 나중에 인식한 후에 이 부분을 다시 해보라.

1단계: 당신의 천재성을 활발히 발휘했던 작업 상황을 열거하라.

2단계: 1단계에서 열거한 각각의 상황에 대해, 당신의 천재성을 왕성하게 자라게 해준 것은 무엇인지 열거하라.

3단계: 당신의 천재성을 왕성하게 자라게 하려면, 2단계에서 당신의 반응이 현재 작업 상황에서 줘야 하는 변화에 대해 무엇을 암시하는지, 그리고 다음 상황에서 당신에게 필요한 변화는 무엇인지 쓰라.

적용하기 18_강렬한 감정

마이클 아조파디는 한 여성이 내민 봉투를 받았다. 이를 계기로, 아조파디는 몰타 섬에 사는 방치된 장애아들과 그들의 가족들에게 느꼈던 강렬한 감정을 통해 생긴 목적을 22년 동안이나 추구하였다.

1단계 : 당신이 강렬한 감정을 느꼈던 상황을 열거하라.	2단계 : 1단계에서 열거한 각각의 상황에 대해, 그렇게 느끼게 만든 주변 사정을 기술하라.

3단계 : 2단계에서 당신의 반응을 살펴보라.

그 상황을 자세히 들여다보면서 빅터 프랭클이 말한 '구체적인 과제'를 찾아보라. 그 과제는 당신이 반드시 실천해야 할 과제이다. 또한 그 과제를 실천하려면, 니즈와 그 니즈를 충족해줄 방법에 관한 통찰력이 필요하다. 그러한 과제를 찾았다면, 그것을 기술하는 하나의 구절이나 문장을 아래 공간에 적어 보라. 예를 들어 앨런은 "자기에게 맞는 일을 하는 사람들로만 구성된 조직을 창설하는 것"이라고 썼다.

적용하기 19_ 다른 사람들이 당신에게 부탁하는 것

갑자기 이혼한 토니는 상담소에 도움을 구했다. 나중에는 상담소를 운영하는 사람들이 토니의 기술과 공감 능력을 높이 사서 상담자로 봉사해 달라고 부탁했다. 결국 토니는 다른 사람들이 진정한 자아를 파악하도록 돕고 가난한 사람들을 위해 봉사하려는 목적을 달성하기 위해 자기 회사를 차렸다.

1단계 : 사람들이 당신의 재능, 추진력, 가능성을 보고 당신에게 부탁하는 것이 무엇인지 간단하게 몇 가지 적어 보라.

2단계 : 1단계에서 당신의 반응을 살펴보라.

그 상황을 자세히 들여다보면서 빅터 프랭클이 말한 '구체적인 과제'를 찾아보라. 그 과제는 당신이 반드시 실천해야 할 과제이다. 또 그 과제를 실천하려면, 니즈와 그 니즈를 충족해 줄 방법에 관한 통찰력이 필요하다. 그런 과제를 찾았다면, 그것을 기술하는 하나의 구절이나 문장을 적어 보라.

적용하기 20_예기치 않은 경험과 전환점

토니에게 이혼과 상담, 그리고 상담소에서 봉사해 달라는 권유는 모두 예기치 않은 경험이었다. 이러한 일련의 사건이 토니의 삶에 전환점이 되었고, 이 전환점은 더 큰 전환점으로 이끌어 주어 결국 자신의 사업을 시작하도록 이끌었다. 앨런도 예기치 않은 경험을 했다. 회사에서 해고를 당해 6개월이라는 긴 시간 동안 자신을 성찰할 수 있었다. 앨런 역시 새로운 사업에 착수했다.

예기치 않은 경험이 인생의 전환점이 될 때가 많으며, 그 전환점이 또 다른 전환점으로 이끌기도 한다. 2, 3단계 적용하기를 통해, 당신은 살아오면서 예기치 않은 중요한 경험과 주요 전환점을 파악할 것이다. 이를 통해 당신의 목적과 삶의 방향을 찾을지도 모른다.

1단계 : 생명선을 창조하라. 당신의 삶에서 예기치 않은 중요한 경험과 전환점을 나타내기 위해, 아래에 그려진 생명선을 이용하라. 별도의 더 큰 종이에 그려도 좋다.

아래에 토니의 생명선을 간략하게 줄여서 예를 들어 놓았다. 당신의 생명선에는 O표가 더 적거나 많을 수 있다.

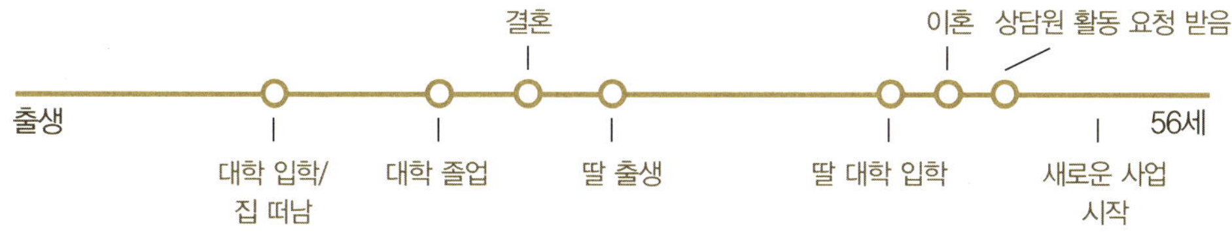

★ 선의 우측 끝에 현재 나이를 적어라.

★ 삶에서 주요 전환점이나 예기치 않은 사건을 표시하기 위해 선의 적당한 지점에 O표를 하라.
각각의 O표에 그 내용을 적어라.

출생

2단계 : 당신의 생명선에서 주요 사건과 전환점을 고려할 때 어떤 패턴을 감지할 수 있나?

가령 토니는 자신이 "아내요 엄마로 프로그램되었다"라고 생각했다. 그러다가 최근까지 극적인 변화를 겪었다. 전환기에 처한 사람들에게 상담하는 일을 해달라는 부탁을 받은 것이나 자신의 목적에 대한 가장 중요한 단서를 찾은 것이 바로 그러한 변화를 겪는 와중에 일어났다. 앨런은 예기치 않게 당한 해고를 전환점의 시작으로 보았고, 새로운 비즈니스를 그 전환점의 정점으로 보았다.

3단계 : 당신의 삶에서 예기치 않은 경험과 전환점이 어떤 니즈와 그 니즈를 어떻게 충족시킬지에 대한 통찰력을 제시하는가? 그렇다면, 그것을 하나의 구절이나 문장으로 적어 보라.

적용하기 21_당신이 겪은 고통

빅터 프랭클은 한없는 고통의 순간을 극복하는 과정 속에서 목적이 생긴다고 믿었다. 정신과 의사이자 나치 포로수용소 생존자인 프랭클은 자신이 겪은 비극을 삶의 의미를 찾는 데 집중하는 치료 시스템으로 전환했다. 프랭클의 이야기는 이 적용하기의 훌륭한 사례이다. 하지만, 당신의 개인적인 비극과 고통의 깊이를 그의 것이나 혹은 다른 사람들의 것과 비교하려는 유혹을 물리쳐야 한다.

1단계 : 당신이 고통을 겪던 동안 주변 상황에 대해 간단히 기술하라.

2단계 : 1단계에서 열거한 각각의 상황에서 겪은 경험을 통해 배운 것이 무엇인지 기록하라.

3단계 : 2단계에서 당신의 반응을 살펴보라.

그 상황을 자세히 들여다보면서 빅터 프랭클이 말한 '구체적인 과제'를 찾아보라. 그 과제는 당신이 반드시 실천해야 할 과제이다. 또한 그 과제를 실천하려면, 니즈와 그 니즈를 충족해 줄 방법에 관한 통찰력이 필요하다. 그러한 과제를 찾았다면, 그것이 무엇인지 하나의 구절이나 문장으로 적어 보라. 나는 프랭클이 자신의 과제를 '의미 찾아내기'라고 기술하지 않았을까 상상해 본다.

적용하기 22_명상과 기도

목적의식을 갖고자 애쓸 때는 기도나 명상 등을 통해 마음을 차분히 가라앉히는 것이 굉장히 효과적일 수 있다.

1단계 : 이 페이지를 펼쳐 들고 혼자서 조용한 시간을 보내라.

명상이나 기도 등 편안함을 느낄 수 있다면 어떠한 방법을 이용해도 좋다. 감동적인 문장을 읽거나, 익숙한 기도문을 암송하거나, 앨런처럼 강둑을 산책하거나, 공원의 외딴 벤치에 앉아 보라.

2단계 : 1단계에서 마음을 가라앉히고 충분히 사색을 한 뒤, 당신의 경험에 대해 적어 보라.

적용하기 23_집안 내력

어머니는 나를 화가로 키우고 싶어 하셨고, 나는 실제로 미술 수업을 받기도 했다. 첫 책을 쓰면서 나도 모르게 과거의 미술 수업을 떠올렸던 것 같다. 그래서 그 책에는 화가와 경영 컨설턴트로서의 경험이 총체적으로 녹아 있다. 모든 업무에 예술적 기교를 통합하려는 시도였다. 결국, 화가로 활동하던 시절의 경험은 다른 사람들이 기교를 발휘하도록 이끄는 토대가 되었다. 마찬가지로, 마야는 어린 시절 가족에게서 받았던 학대를 치료사로서 자신의 목적을 찾는 토대라고 생각했다.

1단계 : 어렸을 때 당신이 어른이 되면 어떤 종류의 일을 할 것 같다고 사람들이 말하는 소리를 들었을 것이다. 당시 들었던 이야기들을 요약해 보라.

2단계 : 그러한 이야기가 당신에게 어떻게 영향을 미쳤는지 요약해 보라.

3단계 : 1단계에서 당신이 적은 이야기를 살펴보라.

그 이야기가 당신이 반드시 실천해야 할 '구체적인 과제'를 암시하는가? 즉, 니즈와 그 니즈를 충족해 줄 방법에 관한 통찰력을 제공하는가? 그렇다면 그 과제를 하나의 구절이나 문장으로 적어 보라.

적용하기 24_머릿속에 맴도는 생각

토니는 노인들을 위한 새로운 형태의 거주 시설에 관심이 많았다. 그래서 묵상 센터로도 활용할 수 있는 노인용 집단 거주 시설을 세우고, 나아가 그런 시설을 이어 주는 세계적인 네트워크를 형성하고 싶다는 생각이 머리에서 떠나지 않았다.

1단계 : 당신의 머릿속에 맴도는 생각을 기술하라.

____

____

____

2단계 : 1단계에서 기술한 여러 아이디어를 살펴보라.

그렇게 머릿속에 맴도는 아이디어가 당신이 반드시 실천해야 할 '구체적인 과제'를 암시하는가? 즉, 니즈와 그 니즈를 충족해 줄 방법에 관한 통찰력을 제공하는가? 그렇다면 그 과제를 하나의 구절이나 문장으로 적어 보라.

____

____

____

3단계 : 2단계에서 당신이 기술한 과제를 행동에 옮기려면, 당신은 당장 무엇을 할 것인가?

____

____

____

____

적용하기 25_멋지지 않겠는가?

이번 적용하기는 '당신의 목적은 무엇인가?'라는 질문에 답하도록 돕기 위한 것이다. 당신의 주변 세상이나 전체 세상이 현재와 비교하여 어떻게 되기를 바라는지, 그 희망 속에서 당신의 목적을 간파할 수도 있다.

1단계 : 다음 문장을 완성하라.

내 주변 세상이,

만일 ＿＿＿＿＿＿＿＿＿＿＿＿ (이)라면, 멋지지 않겠는가?

또한 만일 ＿＿＿＿＿＿＿＿＿＿ (이)라면, 멋지지 않겠는가?

내가 일해 주는 사람들 (고객, 의뢰인 등)을 위해,

만일 ＿＿＿＿＿＿＿＿＿＿＿＿ (이)라면, 멋지지 않겠는가?

또한 만일 ＿＿＿＿＿＿＿＿＿＿ (이)라면, 멋지지 않겠는가?

전체 세상이,

만일 ＿＿＿＿＿＿＿＿＿＿＿＿ (이)라면, 멋지지 않겠는가?

또한 만일 ＿＿＿＿＿＿＿＿＿＿ (이)라면, 멋지지 않겠는가?

2단계 : 1단계에서 당신의 대답이 당신의 목적에 대해 무엇을 암시하는가?

＿＿＿

＿＿＿

＿＿＿

＿＿＿

적용하기 26_필요한 것

이번 적용하기는 '당신의 목적은 무엇인가?'라는 질문에 답하도록 돕기 위한 것이다. 통찰은 목적을 달성하도록 이끌어 주는 에너지다. 우리 삶의 목적이 무엇인지 알고 그 목적을 넘어서서 바라보거나 그 목적을 새로운 방식으로 바라볼 때 통찰을 얻을 수 있다. 이러한 통찰은 단순히 니즈를 파악하는 것에 멈추지 않고 그 니즈를 이행할 방법도 찾아 준다. 이를 통해 당신이 인지한 니즈와 그러한 니즈를 충족시키기 위한 방법에 대한 통찰력을 일목요연하게 분류하도록 도와줄 것이다.

1단계: 다음 문장을 완성하라.

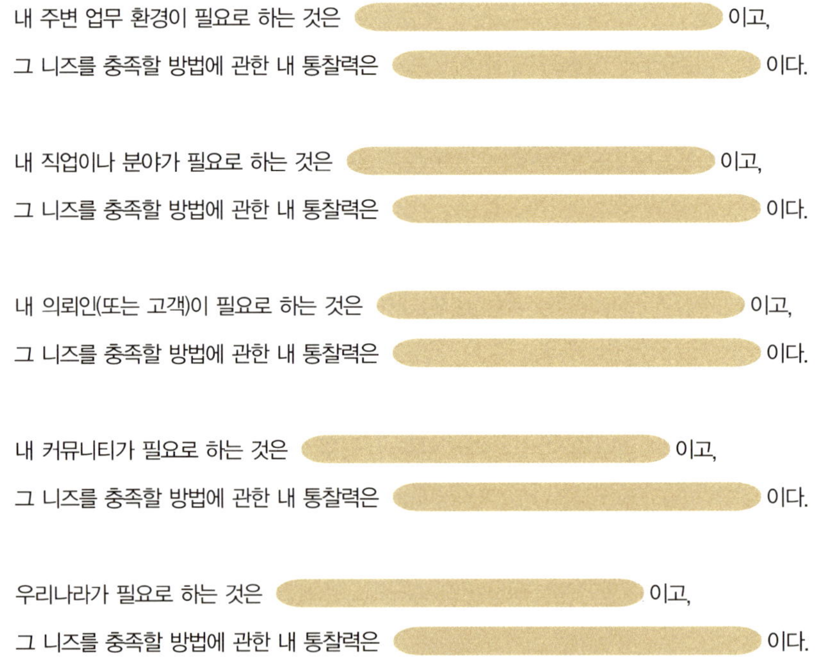

내 주변 업무 환경이 필요로 하는 것은 　　　　　　　이고,
그 니즈를 충족할 방법에 관한 내 통찰력은 　　　　　　　이다.

내 직업이나 분야가 필요로 하는 것은 　　　　　　　이고,
그 니즈를 충족할 방법에 관한 내 통찰력은 　　　　　　　이다.

내 의뢰인(또는 고객)이 필요로 하는 것은 　　　　　　　이고,
그 니즈를 충족할 방법에 관한 내 통찰력은 　　　　　　　이다.

내 커뮤니티가 필요로 하는 것은 　　　　　　　이고,
그 니즈를 충족할 방법에 관한 내 통찰력은 　　　　　　　이다.

우리나라가 필요로 하는 것은 　　　　　　　이고,
그 니즈를 충족할 방법에 관한 내 통찰력은 　　　　　　　이다.

세상이 필요로 하는 것은   이고,

그 니즈를 충족할 방법에 관한 내 통찰력은   이다.

2단계 : 1단계에서 당신의 대답은 당신의 목적에 대해 무엇을 암시하는가?

적용하기 27_촉진하거나 방해하는 성향

당신은 천재성의 에너지를 당신의 목적에 맞게 발휘하는 과정을 촉진할 수 있다. 예를 들어 당신이 매사를 긍정적이고 낙천적으로 바라보도록 배우면 성공할 가능성이 더 커진다. 반대로 그 과정을 성가시게 방해할 수도 있다. 매사에 늑장부리거나, 스스로를 좋은 사람이 아니며 제대로 교육받지 않았다고 여기거나, 실패나 성공을 두려워하거나, 당신 자신이나 타인을 돌보지 않는 성향 등은 모두 당신을 예정된 항로에서 벗어나게 할 수 있다.

1단계 : 천재성 에너지를 목적에 맞게 발휘하도록 촉진하는 당신의 성향을 열거하라.

2단계 : 천재성 에너지를 목적에 맞게 발휘하지 못하게 방해하는 당신의 성향을 열거하라.

3단계 : 2단계에서 당신이 열거한 성향들을 극복하기 위해 당신이 의지할 수 있는 사람은 누구인가? 가령 친구, 동료, 멘토, 상담자 등을 예로 들 수 있다.

적용하기 28_책임지기

당신이 책임지는 태도를 보이면, 당신의 현재 모습, 현재 하고 있는 것이나 가지고 있는 것, 또는 느끼는 것에 대해 다른 사람이나 운명을 탓하지 않게 된다. 그 대신 이렇게 묻는다. "무슨 일이 일어났지? 현재 상황은 어떻지? 내가 어떻게 기여했지? 나는 이 일로 무엇을 배워야 하나? 다음에는 무엇을 하지?" 책임 있게 삶을 살고 싶다면 비난의 원천이 되는 피해의식을 버려야 한다.

1단계 : 불쾌했던 상황이나 느낌을 열거하라.

2단계 : 1단계에서 열거한 상황이나 느낌에 대해 당신이 그것에 각각 어떻게 기여했는지 간단히 기술하라. 단, 본인을 탓하지는 마라.

3단계 : 1단계의 각 상황에서 당신의 내적 갈등을 탐색하라.

예를 들어 내가 찰리 삼촌을 방문하지 않으면 죄책감이 들 것이다. 그런데 일단 방문하면 화가 치밀 것이다. 그 갈등은 전부 나와 관련된 것이지, 찰리 삼촌과는 별로 상관이 없다.

적용하기 29_자각 개선하기

자각을 잘 개발하고 멋지게 조율하면, 다방면에 좋은 영향을 미칠 수 있다. 당신의 신체적, 지적, 감정적, 영적 웰빙에 기여한다. 당신이 관여하는 사람들, 당신이 참여하는 활동, 당신이 살아가는 환경과 근무하는 환경 등 삶의 모든 측면을 보살펴 준다.

1단계 : 다음의 웰빙에 대한 자각에서 개선하고 싶은 분야를 체크하라.

□ 신체적 자각

당신의 천재성과 소명의 완성을 촉진하거나 방해하는 조건을 포함한 신체에 대한 자각.

예를 들어 병에 걸렸거나 기운이 없으면 당신을 방해할 수 있다.

□ 지적 자각

당신의 천재성과 소명의 완성을 촉진하거나 방해하는 것들을 포함한 아이디어와 사고에 대한 자각.

예를 들어 "나는 할 수 없어!" 혹은 "나는 해서는 안 돼!"라는 식의 사고는 당신을 방해할 수 있다.

□ 감정적 자각

당신의 천재성과 소명의 완성을 촉진하거나 방해하는 것들을 포함한 느낌에 대한 자각.

예를 들어 낙천주의는 촉진할 수 있지만, 두려움이나 분개, 질투는 방해할 수 있다.

□ 영적 자각

당신 자신이 신에게 연결된 영적인 존재라는 자각.

예를 들어 종교 활동은 당신을 촉진할 수 있지만, 천재성과 목적의 영적 측면을 부인하면 방해가 될 수 있다.

2단계: 위에서 체크한 분야에서 당신의 자각을 개발하기 위해 당신이 의지할 수 있는 사람
은 누구인가?

가령 친구, 동료, 멘토, 상담자 등을 예로 들 수 있다.

적용하기 30_도움에 대한 자각

자각은 본성과 삶과 일에서 천재성과 목적을 키워 주고 지원하는 측면과 그렇지 못한 측면을 감시하고 알려 준다.

1단계 : 살아오면서 천재성과 소명을 이행하려는 당신의 시도를 현재 지원하거나 앞으로 지원할 수 있는 사람들을 열거하라.

2단계 : 살아오면서 천재성과 소명을 이행하려는 당신의 시도를 현재 지원하지 않거나 앞으로 지원하지 않을 사람들을 열거하라.

3단계 : 1단계와 2단계에서 당신의 반응이 암시하는 행동을 기술하라.

적용하기 31_용기 내기

　용기는 천재성과 본성과 목적을 활발히 발휘할 수 있는 토대에 없어서는 안 될 부분이다. 미래를 예측할 수 없을 때, 성공이나 실패 혹은 무능함에 대한 두려움 등으로 정신을 차릴 수 없을 때, 주체성을 확립하지 못하고 방황할 때, 당신의 천재성과 목적에 일관된 방식으로 행동할 용기가 필요하다.

1단계 : 당신이 낼 수 있는 용기를 상기하기 위하여, 살아오면서 용기 있게 행동했던 때를 열거하라.

2단계 : 당신이 지금 하는 일에서 용기를 내야 할 상황을 열거하라.

3단계 : 2단계에서 열거한 난관을 극복하기 위해 필요한 용기를 개발하고 유지해야 한다. 그러기 위해 당신이 의지할 수 있는 사람은 누구인가?
　가령 친구, 동료, 멘토, 상담자 등을 예로 들 수 있다.

적용하기 32_ 현실을 직시하고 계획하기

이 적용하기는 당신이 이 책에서 수행한 모든 일을 요약하고 다음 단계를 계획하도록 돕기 위한 것이다.

1단계 : 당신의 천재성을 인식하면 아래 빈칸에 그 이름을 적어라. 당신의 천재성에 대한 펠트 센스를 맛보았다면, 그것을 기술하라. 당신의 천재성을 아직 인식하지 못했다면, 그것을 인식하고 맞는 이름을 찾기 위해 당신이 취할 다음 단계를 기술하라.

2단계 : 이미 당신의 천재성을 발휘하고 있다면, 축하한다! 그렇지 않다면, 그 천재성을 발휘하기 위해서 당신이 취할 다음 단계를 기술하라.

3단계 : 당신의 목적을 안다면 아래에 그 목적에 대해 기술하라. 아직 모른다면, 알기 위해서 당신이 취할 다음 단계를 기술하라.

4단계: 당신의 천재성을 목적에 맞게 발휘하고 있다면, 축하한다! 그렇지 않다면, 그 천재
성을 목적에 맞게 발휘하기 위해 당신이 취할 다음 단계를 기술하라.

5단계: 본성의 여러 측면 중에서 당신의 천재성을 목적에 맞게 발휘하려는 시도를 방해하
는 측면을 기술하고, 그러한 측면이 말썽을 덜 부리도록 당신이 취할 단계를 기술
하라.

옮긴이 박미경

고려대학교 영문과를 졸업하였으며, 건국대학교 교육대학원 영어교육
학 석사 학위를 받았다. 《사랑하라 너무 늦기 전에》, 《생애 마지막 사
랑 수업》, 《최고의 엄마》, 《엘로이즈의 크리스마스 소동》, 《메리골드
와 희망의 깃털》 등 다수의 책을 우리말로 옮겼다.

당신의 천재성을 깨워라

1판1쇄 인쇄 2008년 7월 21일
1판1쇄 발행 2008년 7월 25일

지은이 | 딕 리처즈
옮긴이 | 박미경
펴낸이 | 임성규

펴낸곳 | 메가트렌드
등록 | 1988. 11. 5. 제1-832호
주소 | 서울시 중구 장충동 2가 186-39 장충빌딩 3층
전화 | 928-8741~3(영) 927-4990~2(편)__ 팩스 | 925-5406
ⓒ 딕 리처즈, 2008

이메일 | webmaster@munidang.com
홈페이지 | http://www.munidang.com

ISBN 978-89-7456-415-5 03320

메가트렌드는 문이당 출판사의 브랜드입니다.